MASAL PAS BAGDADI

Auf nackten Füßen in die Freiheit

Buch

Das kleine Mädchen Tune (arabisch »Glück«) ist knapp sechs Jahre alt, als es im Winter 1943/1944 mit der älteren Schwester vor dem wachsenden Antisemitismus aus dem syrischen Damaskus nach Palästina, in das gelobte Land, flüchtet. Von der geliebten Mutter und bald auch von der Schwester getrennt, erhält das verängstigte Kind den Namen »Masal« (hebräisch »Glück«) und damit eine neue Identität. Im Kibbuz, in dem Kinder und Überlebende aus aller Welt ein Zuhause finden, lernt Masal langsam, sich zurechtzufinden. Hier haben alle schreckliche Schicksale zu erdulden, da ist kein Platz für einfühlsame Fragen und Rücksichten. Dennoch gelingt es Masal, nicht zuletzt mit Hilfe einer kaputten Puppe, das Trauma der Trennung von Heimat und Familie zu überwinden.

Mit ihrem autobiografischen Überlebensbericht führt Masal Pas Bagdadi ihre Leser in eine vergessene Welt – die staubigen Gassen von Damaskus, die atemlose Stimmung des jungen Israel und in das leidenschaftliche Leben einer starken faszinierenden Frau, deren sprühende Lebenslust ansteckend wirkt.

Autorin

Masal Pas Bagdadi, geboren 1938 in Damaskus, verbringt die ersten Jahre ihres Lebens im jüdischen Ghetto der Stadt im trauten Kreis der Familie. Sie ist das fünfte von sieben Kindern. 1944 flieht sie vor judenfeindlichen Übergriffen nach Palästina. Fern von Heimat und Familie wächst sie in einem Kibbuz auf. Ende der 50er Jahre tritt sie in den Dienst der israelischen Armee. Ihrem Mann folgt sie nach Italien, wo sie sich, spezialisiert auf Adoptions- und Flüchtlingsfragen, als Kinderpsychologin niederlässt.

Masal Pas Bagdadi

Auf nackten Füßen in die Freiheit

Eine arabische Jüdin erzählt

Aus dem Italienischen
von Bruno Genzler

GOLDMANN

Die Originalausgabe erschien
unter dem Titel »A piedi scalzi nel kibbutz«
bei Bompiani, Milano

Deutsche Erstveröffentlichung

Der Goldmann Verlag ist ein Unternehmen der
Verlagsgruppe Random House GmbH.

1. Auflage
Deutsche Erstausgabe August 2003

Umschlaggestaltung: Design Team München
unter Verwendung eines Fotos aus dem Privatbesitz der Autorin
Satz: IBV Satz- und Datentechnik GmbH, Berlin
Druck: Elsnerdruck, Berlin
Verlagsnummer: 15235
Redaktion: Hanna Siehr
KF · Herstellung: Sebastian Strohmaier
Made in Germany
ISBN 3-442-15235-6
www.goldmann-verlag.de

Es gibt eine gemeinsame Dimension, die alle Menschen, ohne Ausnahme, jederzeit betreten und verlassen können. Diese Dimension ist die Hoffnung, die so kostbar ist wie das Leben selbst. Die Hoffnung ist unsere Rettung, und es liegt an uns, nicht zuzulassen, dass sie sich abnutzt durch unsere Zweifel und Ängste. Hüten wir sie also wie unseren Augapfel.

Rabbi Nachman von Breslau
(chassidischer Lehrmeister)

... was ist das Judentum denn anderes als eine Technik des Überlebens an verschiedensten Orten?

Stefan Zweig

Inhalt

I
Haret il Yeud

Geboren wurde ich im Ghetto der syrischen Hauptstadt Damaskus, und zwar an *Tischa Be-Aw*, einem Tag des Fastens und der Trauer für das jüdische Volk, das der Zerstörung des *Bet Ha-Mikdasch*, des Tempels von Jerusalem, durch die Legionen des künftigen Kaisers Titus gedenkt. Dem Volksglauben nach wird ebendies der Tag sein, an dem sich die jahrtausendealte Hoffnung unseres Volkes erfüllt und der Messias erscheint.

Die mit diesem Jahrestag verbundenen Gefühle der Trauer und der Hoffnung sind tief in meinem Wesen verwurzelt, das von früh auf schon eine Art Doppelnatur erkennen ließ, weshalb ich auch Schmerz und Trauer gleichermaßen tief empfinde und erlebe wie Freude und Glück.

Ich war wohl ein fröhliches, stets lächelndes kleines Mädchen, das sich damit schnell die Herzen seiner Mitmenschen, egal ob Familienangehörige oder Fremde, eroberte. Andererseits brach ich dermaßen leicht in Tränen aus, dass meine Mutter mich manchmal *ekah* nannte, die »Weinende«. Eine Anspielung sowohl auf meinen »traurigen« Geburtstag als auch auf die Klagelieder des Jeremias, *Ekah* genannt, in denen der Prophet nach der Zerstörung des Tempels von Jerusalem seinem tiefen Schmerz Ausdruck gab.

Unser Viertel in Damaskus hieß *Haret il Yeud*, also »Judenstraße«, ein Ghetto, das zu Ende des 19. Jahrhunderts entstand, als man die Juden zwang, an den Stadtrand zu ziehen, und sie damit brüsk aus ihren gewohnten Lebensverhältnissen mit ihren alten Sitten und Traditionen herausriss. Bis zu diesem Zeitpunkt hatte in Syrien das jahrhundertealte Zusammenleben von Juden und Arabern noch leidlich funktioniert, obwohl es auch hier immer wieder zu Krisen und Gewaltausbrüchen gekommen war. Denn unleugbar gab es einen tief verwurzelten Antisemitismus, der durch die Propagierung eines arabischen Nationalismus wieder neu entflammte und in immer häufiger auftretende Aggressionen und Gewaltakte mündete. In den zwanziger Jahren steigerte sich der Fanatismus zu wahrem antisemitischen Hass. Im Verlaufe weniger Jahre wurden die syrischen Juden eines großen Teils ihrer Besitztümer beraubt, denn man zwang sie, ihre blühenden geschäftlichen Tätigkeiten aufzugeben, und trieb sie damit in Armut und Isolation.

Haret il Yeud war also ein an den Stadtrand gedrängtes Ghetto, umgeben von arabischen Wohngebieten, deren Bewohner ebenso arm waren und ihre Wut über ihre tristen Lebensverhältnisse an den Nachkommen Davids ausließen. Hatte es zu Beginn des 20. Jahrhunderts nur vereinzelt Ausschreitungen gegeben, so verzeichnete man nun immer häufiger brutale Gewaltakte, wahre Pogrome, die unsere Gemeinschaft zu einem Leben in Angst und Schrecken verurteilten, eingeschlossen und abgetrennt vom Rest der Stadt, obwohl es keine sichtbaren Mauern oder Tore gab, die das Viertel abgeriegelt hätten. Vor allem für die Frauen und Kinder spielte sich das Leben, von wenigen Ausnahmen abgesehen, in dieser eng umgrenzten Welt ab. Für mich, die kleine Tune – man hatte mir diesen Namen einer Tante gegeben, die im Kindbett gestorben war –, war die Welt »draußen« so weit entfernt und unwirklich wie ein Märchen. Dabei konnte ich jenseits der Straße sogar einen Blick auf diese Welt werfen: Ich sah Straßenbahnen vorüberrollen, mit denen ich niemals fahren würde, beobachtete arabische Männer, die vor Cafés sitzend *Shesh besh* – eine Art Dame – spielten, verfolgte das Spiel arabischer Kinder, die frei auf den Gehwegen herumtollen durften. Mein eigenes Leben hingegen beschränkte sich auf das Ghetto, auf den Kontakt zu den Mitgliedern unserer Gemeinschaft, in einem fest geordneten, beruhigenden Umfeld, in dem die Gebote des jüdischen Glaubens streng beachtet wurden. Alle Familien waren religiös, alle aßen *koscher,* und alle ehrten den *Sabbat,* den jüdischen Samstag.

Niedrige Häuser aus Schiefer und Backstein säumten die ungepflasterten Straßen. Meine Familie bewohnte ein Gebäude, das früher wohl als Stall oder Lagerraum gedient hatte. Auf der rückwärtigen Seite öffnete sich ein gepflasterter großer Hof, auf den mehr als zehn Räume, fast schon Säle, hinausgingen. Im hintersten Winkel befand sich ein einziger Abort, düster und eng, mit einem Loch im Boden; die schiefe Holztür quietschte schrill und beängstigend in den Angeln.

Dieser Abort war der Schrecken aller Kinder, die fürchteten, zur Strafe hier eingesperrt zu werden, ein unheimlicher Ort, an dem sich, wie es hieß, die Ratten vermehrten, und auch ich hielt mich, ängstlich, wie ich war, nicht nur von Streichen, sondern nach Möglichkeit auch von diesem finsteren Kabuff fern.

Jeder der großen Räume beherbergte eine ganze Familie. Doch das Leben spielte sich nicht hier ab, sondern im Freien, um den kleinen Brunnen in der Mitte des Hofes herum, wo es zu jeder Tageszeit von Menschen wimmelte. Die Wände hallten wider vom steten Lärmen von Groß und Klein, einer ununterbrochenen Begleitmusik, in der Gelächter, Geplauder und Gezeter zusammenklangen. Die Frauen waren die Seele dieses munteren, bunt schillernden Treibens: Hier wuschen sie ihre Wäsche und hängten sie auf, hier kochten sie auf kleinen Petroleumöfen das Essen für die Familie, hier besserten sie die wenigen Kleidungsstücke aus, die man besaß. Auch die Schneiderin Rivcha, eine junge Frau mit langen schwarzen Locken, arbeitete im Freien und sang dabei melancholische jüdische Weisen, die zusammen mit dem Geruch brennender Kohle, mit der sie ihr Bügeleisen betrieb, die Luft erfüllten.

Die Wohnung, in der ich mit meiner Familie lebte, bestand also aus einem einzigen Raum, dessen Fußboden zu einer Seite ein Stück erhöht war. In diesem erhöhten Teil befanden sich eine Truhe sowie, aufeinander gestapelt an einer Wand, die Matratzen und Teppiche, die jeden Abend zum Schlafen auf dem Boden verteilt wurden. In dem etwas niedrigeren

Teil stand das einzige echte Möbelstück, das wir besaßen: ein mächtiger Schrank mit einem Spiegel, der es mir, in Ermangelung anderer Spielkameraden, ermöglichte, mit meinem Spiegelbild zu spielen. Zuweilen diente er mir aber auch dazu, abends von meinem Lager aus heimlich die Erwachsenen zu beobachten, deren Geheimnisse ich zu gern ergründet hätte.

Zu jener Zeit bestand meine Kernfamilie, neben Vater und Mutter, aus uns fünf Geschwistern. Noemi war die Älteste und nahm sich meiner mit besonderer Fürsorge an, dann kamen meine älteren Brüder Moshe und Eli, die unzertrennlich waren und uns Kleinere schon mal beschützten, wenn es nötig war, schließlich Shifra und danach ich. Vier Jahre war ich alt, als mein Bruder Rafi geboren wurde, und später dann, meine Familie lebte bereits in Israel, kam als Jüngste noch Simi hinzu.

Rafis Geburt warf einen Schatten auf meine behütete Kindheit und prägte sich mir in allen Einzelheiten ein. Es war ein ganz normaler Morgen, als ich plötzlich aus dem Hof auf die Straße geschickt wurde, damit ich nicht im Weg sei. Die Frauen wurden hektisch, auf den Herden wurde Wasser zum Kochen gebracht, und Noemi kam aus dem Haus geschossen, um die Hebamme zu holen. Gegen Mittag hörte ich, wie meine Mutter immer lauter schrie, ich bekam Angst, klammerte mich an die Fenstergitter und begann ebenfalls zu schreien, rief mit aller Kraft nach ihr, gleichermaßen zornig und verzweifelt, bis plötzlich das Weinen eines Säuglings an mein Ohr drang. Es dauerte nicht lange, und jemand erinnerte sich auch wieder an mich, nahm mich hoch, trug mich ins Haus und erzählte mir, dass ich ein Brüderchen bekommen hatte. Man zeigte ihn mir, indem man die Windeln, unter denen er lag, an einem Zipfel anhob, so behutsam, als gelte es ein Kleinod zu enthüllen. Ganz gründlich betrachtete ich sein Gesicht, und all meine Befürchtungen lösten sich augenblicklich in Luft auf.

Nur wenig entfernt wohnten meine Großeltern, die Eltern meiner Mutter, ohne die unsere Familie nicht vollständig war. Großvater Mussa war ein stattlicher Mann mit hellblauen Augen, vollen Lippen und einer schönen semitischen Nase, dem markanten Mittelpunkt eines ausdrucksstarken Gesichts, das von einem Bart und den *Peot*, langen Schläfenlocken, eingerahmt wurde. Als Zeichen des Respekts und der Ehrfurcht vor Gott trug er stets eine kleine *Kippa* auf dem Kopf. Großvater war das eigentliche Oberhaupt der Familie, ein fester Halt für uns alle, Kinder und Erwachsene gleichermaßen. Die vielen tragischen Ereignisse seines Lebens hatten ihn nicht verbittern lassen, sondern im Gegenteil seine Ausstrahlung und seine Weisheit noch gefördert, so dass er nicht zufällig von vielen auch Rabbi Mussa genannt wurde.

Dem Beispiel vieler anderer syrischer Juden folgend, die die bevorstehende Katastrophe kommen sahen, hatte auch mein Großvater den Weg in die Emigration gewählt und war im Jahr 1905 nach Argentinien ausgewandert, wo einige seiner Geschwister bereits lebten. Als er lange Zeit später nach Damaskus zurückkehrte, um seine Familie in die neue Heimat mitzunehmen, musste er feststellen, dass sich in seiner

Abwesenheit furchtbare Dinge zugetragen hatten. Seine älteste Tochter war gestorben und seine Frau erblindet, weil sie, wie es hieß, unaufhörlich geweint hatte.

Mit dem Mut der Verzweiflung setzte mein Großvater alles daran, seine Frau zu heilen. Das aus Südamerika mitgebrachte Gold, das eigentlich für die Überfahrt seiner Familie gedacht war, diente nun dazu, Ärzte zu bezahlen, Wunderheiler und zwielichtige Persönlichkeiten jeglicher Couleur, die versprachen, meiner Großmutter das Augenlicht zurückzugeben. Doch das Schicksal meinte es nicht gut mit den Großeltern. Nicht nur blieben alle Bemühungen erfolglos, sondern nicht lange darauf verloren sie auch ihre Zweitälteste, jene Tante Tune, die im Kindbett starb und deren Namen ich einst tragen sollte. Nun war ihnen nur die jüngste Tochter geblieben, Miriam, meine Mutter, die sie, als sie siebzehn war, mit einem jungen jüdischen Mann aus Bagdad verlobten.

In Bezug auf jene Heirat hörte ich schon mal Bruchstücke einer unglaublichen Geschichte, die die Erwachsenen nur hinter vorgehaltener Hand erzählten. In meiner Fantasie klang sie wie ein Märchen aus einer versunkenen Welt. Danach war die wunderschöne Miriam von einem jungen Araber, der sich unsterblich in sie verliebt hatte, entführt worden. Lange Zeit suchten ihre verzweifelten Eltern vergeblich nach ihr, bis sie endlich auf eine Spur von ihr stießen und sie, nach endlosen Verhandlungen, gegen ein beträchtliches Lösegeld von den Entführern freikaufen konnten. Als Miriam endlich wieder zu Hause war, hielt man es für ratsam, schnellstmöglich einen Mann für sie zu finden, der bereit wäre, das seiner Unschuld beraubte Mädchen zu heiraten. Der Zufall wollte es, dass sich zu jener Zeit ein Fremder aus Bagdad im Ghetto aufhielt, ein Jude, der gegen eine entsprechende Mitgift bereit war, Miriam zur Frau zu nehmen.

Mein Vater war ein kräftig gebauter, recht impulsiver Mann, der stets ein langes arabisches Faltengewand und den typischen roten Fes auf dem Kopf trug. Er war nicht sehr religiös, und es fiel ihm schwer, sich in die jüdische Gemeinde von Damaskus einzuleben, was ihm auch im Laufe der Jahre nicht recht gelang. Im Grunde blieb er ein Fremder. Anders als die anderen Juden in Damaskus suchte er die Lokale der Araber auf, trank seinen Kaffee mit ihnen, spielte *Shesh besh* und ließ eine Kette mit Bernsteinperlen durch die Finger klicken. Zu Hause gab er sich eher mürrisch. Doch mir gelang es, ihn zum Lächeln zu bringen, und ich war auch die Einzige, die sich erkühnte, ihm auf die Knie zu springen, wofür ich dann mit dem seltenen Geschenk einer Liebkosung belohnt wurde.

Mochte die abenteuerliche Vorgeschichte der Heirat meiner Eltern nun der Wahrheit entsprechen oder nicht, Tatsache ist, dass mein Großvater mit seiner Weisheit und seinem großen Herzen die Rolle des Mittelpunkts unserer Familie einnahm, wobei er mit seinem kleinen Stoffhandel auch für unseren Unterhalt sorgte.

Ich war glücklich in der kleinen Welt von *Haret il Yeud*, fühlte mich beschützt und behütet von meiner Mutter, meinen älteren Geschwistern, ja, von der gesamten Gemeinschaft. Ich war wohl ein niedliches, witziges kleines Mädchen mit langen Locken, großen Augen und einem breiten Lächeln in einem mit Sommersprossen gesprenkelten Gesicht, und so fiel es mir leicht, andere für mich einzunehmen. Stunde um Stunde verbrachte ich draußen im Freien, in Spiele vertieft, die ich allein oder in Gesellschaft von anderen Kindern spielte. Die größeren zeichneten Linien aufs Pflaster, und dann galt es, mit einem Bein, ohne sie zu berühren, darüber hinwegzuhüpfen. Manchmal durften auch wir Kleineren mitmachen. Es war das so genannte »Himmelspiel«. Eines unter vielen, vielen anderen. Um uns auf den Arm zu nehmen, hatte uns zum Beispiel jemand erzählt, man könne Dattelkerne, wenn man sie nur lange genug auf Stein reibe, so weich wie Kaugummi bekommen, und so brachten wir, naiv und auf Kaugummi versessen, wie wir waren, ganze Tage damit zu, diese Kerne auf dem Hofpflaster hin und her zu reiben. In dieser Art waren alle unsere Spiele, ganz einfach, sozusagen aus dem Nichts erfunden, denn echtes Spielzeug gab es nicht, abgesehen von der einen oder anderen aus Lumpen gefertigten Puppe oder einem Ball aus Stoffresten, den eine Mutter liebevoll zusammengenäht hatte.

Der Mittwoch war Waschtag. Meine Mutter stand schon im Morgengrauen auf und machte Feuer unter einem großen verrußten Kessel, den sie mit Wasser und Seifenflocken gefüllt hatte. Während die Wäsche vor sich hin kochte, räumte sie rasch noch die Wohnung auf und bereitete aus Bohnen, die sie über Nacht in einer Suppenschüssel eingeweicht hatte, einen Eintopf zu. Wir alle wussten, dass wir sie jetzt nicht mehr stören durften, und auch ich hatte gelernt, ihr dann aus dem Weg zu gehen. Schweren Herzens akzeptierte ich ihr Desinteresse und gab mich damit zufrieden, ihr hin und wieder ein wenig zuzusehen. Sie saß auf einem winzigen Schemel in einer Ecke des Hofes, balancierte auf den gespreizten Oberschenkeln eine runde Schüssel, in die sie nach und nach die Wäschestücke tauchte, die sie mit Hilfe eines Stocks aus dem Waschzuber zog. Unermüdlich rieb, wrang und schlug sie jedes Stück, und das Klatschen hallte durch den ganzen Hof, denn alles musste blütenweiß werden, eher gab sie sich nicht zufrieden. Anschließend spülte sie die Wäsche mit ebenso bewundernswerter Ausdauer im klaren Wasser des großen Brunnenbeckens. Hoch und runter zog sie die Betttücher, kraftvoll und gleichmäßig, begleitet von einem rhythmischen, musikalischen Klang, den ich noch heute im Ohr habe, wenn ich daran denke, und der untrennbar mit ihrem Bild verbunden ist.

Nachmittags hängte sie ihr Werk in der Sonne auf, und ein festlicher frischer Duft erfüllte die Luft, bis sie abends die ersten Tücher von der Leine nehmen konnte, um sie, zufrieden mit ihrer Arbeit, sorgfältig Stück für Stück zusammenzulegen. In meiner Erinnerung ist dieser Waschtag am Mittwoch als ein ganz besonderer Tag haften geblieben.

Durch die Straßen unseres Viertels zogen an den Wochentagen arabische Bauern mit ihren Eseln, die mit Säcken voller Obst und Gemüse beladen waren. Aus voller Kehle priesen die Männer ihre Ware an, und so dauerte es nicht lange, bis die Esel von Frauen mit ihren Körben umringt waren. Das Angebot wurde begutachtet, und bald schon begann das

Feilschen. Alle schienen froh, ihre alltäglichen Verrichtungen eine Zeit lang liegen lassen zu können.

Gemächlich verstrichen die Stunden, gleichmäßig, ohne Hast und Hektik. Wenn ich Hunger bekam, unterbrach ich meine Spiele, lief zu meiner Mutter und bat sie, mir etwas zu essen zu geben, und ebenso machten es die anderen Familienmitglieder, ein jeder so, wie es seinen Bedürfnissen entsprach. Jeden Tag bereitete meine Mutter einen Eintopf aus Linsen, dicken Bohnen, Kichererbsen oder grünen Bohnen zu, der auf dem Petroleumherd warm gehalten wurde. Meine Leibspeise war *Mgedra,* Reis vermischt mit Linsen und angebratenen Zwiebeln. Neben den warmen Gerichten waren wir auch mit anderen wichtigen Nahrungsmitteln wie Milch, Eiern oder Käse versorgt. Den größten Teil erbrachten die Geschäfte des Großvaters, der weiterhin seine Stoffe in Damaskus und Umgebung feilbot. Bevor er aufbrach, hüllte er sich in ein langes arabisches Gewand mit blauen Streifen, ähnlich dem, das, der Bibel nach, Josef trug, als ihn seine Brüder an die Ägypter verkauften. Dann belud er den Esel mit seinen Waren, verabschiedete sich und zog davon. Die ganze Woche blieb er fort, wanderte von Ort zu Ort, von Anhöhe zu Anhöhe. Nur selten erhielt er Geld für seine Ware, meist bezahlte man ihn mit Gemüse, Käse, Eiern, Hühnern, Datteln, Feigen, Aprikosen und dergleichen. Besonders das Obst war so gut, so aromatisch, frisch und saftig, dass meine Mutter, viele Jahre später in Israel, noch mit Wehmut daran zurückdachte.

Wenn die Sonne unterging, unterbrachen die Frauen ihre häuslichen Tätigkeiten und riefen mit lauter Stimme ihre Kinder herbei, um sich mit ihnen in ihre vier Wände zurückzuziehen. Die Woche über waren die meisten allein mit ihren Kindern, während die Männer, so wie mein Großvater, ihren unterschiedlichsten Geschäften nachgingen. Noemi und meine älteren Brüder, die damals wohl zwölf, dreizehn Jahre alt waren, gingen nun immer häufiger abends aus, um an den Versammlungen der ersten jüdischen Jugendgruppen, die in Kontakt mit den zionistischen Organisationen in Palästina standen, teilzunehmen.

Wir Kleinen blieben bei unserer Mutter und legten uns dann, wenn es Zeit zum Schlafen war, zu ihr, um schon bald, beruhigt und unbeschwert in ihrer Nähe und Wärme, im Reich der Träume zu versinken. Es kam vor, dass ich, von irgendeiner unbestimmten Angst geplagt, dennoch nicht einschlafen konnte. Dann pochte meine Mutter mit den Fingerknöcheln unwirsch gegen die Truhe und murmelte mit tiefer Stimme: »Sei jetzt endlich still, sonst kommen die *Haramie*!«

Nach den Erzählungen der Erwachsenen malte ich mir die *Haramie* als Spukgestalten ohne Gesichter aus, ein Mittelding zwischen einem Gespenst und dem schwarzen Mann westlicher Märchen. Wenn meine Mutter sie erwähnte, erstarrte ich vor Schreck, drückte mich an sie und wagte kaum zu atmen, bis ich schließlich irgendwann in ihren Armen einschlief.

Die Ruhe, die meine Mutter ausstrahlte, die Selbstverständlichkeit und Natürlichkeit ihrer Handlungen und Gedanken gaben mir eine enorme Sicherheit. Mein Vertrauen in sie war grenzenlos. Sie hatte keinerlei Bildung genossen, konnte nicht lesen und noch nicht einmal ihren Namenszug schreiben, aber nach dem Vorbild meines Großvaters war sie erfüllt von einer tiefen Frömmigkeit und einer Hochachtung vor den Geboten des jüdischen Glaubens. Dieser Glaube stellte einen sicheren Weg für sie dar, dem sie immer folgen und an den sie sich bei allen großen und kleinen Entscheidungen ihres Lebens halten konnte. Mit Geduld und ihrem beispielhaften Verhalten gelang es ihr, ohne auch nur einmal die Stimme zu erheben, uns die Gebote des Glaubens, angefangen bei den grundlegenden Geboten der *Kaschrut,* nahe zu bringen.

Unvergesslich ist mir ein Tempelbesuch an *Jom Kippur,* dem Tag der Buße und des Fastens, den meine Mutter uns, auch als wir noch sehr klein waren, zu achten anhielt. Schon früh am Morgen machten wir uns ohne Frühstück zum Gotteshaus auf, um an den Gebeten teilzunehmen. In der Halle drängten sich bereits die Menschen, ich stand eingezwängt zwischen ihnen und konnte fast nichts sehen außer den Beinen der Männer und Frauen um uns her und, wenn ich hochblickte, dem Gesicht meiner Mutter, das dem *Aron Ha-Kodesch,* dem heiligen Schrein, in dem die Schriftrollen der *Thora* aufbewahrt werden, zugewandt war.

Hungrig und von allen vergessen, fühlte ich mich furchtbar unwohl und begann bald schon, sie am Kleid zu ziehen und nörgelnd auf mich aufmerksam zu machen, wurde immer ungeduldiger, weil es mir nicht gelang, sie von ihren Gebeten abzulenken, bis ich irgendwann erschöpft verstummte und mich damit abfand, den Hunger bis zum Mittagessen unterdrücken zu müssen.

Mit der gleichen unnachgiebigen Gelassenheit hielt uns unsere Mutter täglich dazu an, die Ernährungsgebote zu beachten, also zum Beispiel niemals Milch und Fleisch bei einer Mahlzeit zu sich zu nehmen. Noch heute habe ich ihren liebevoll unerbittlichen Tonfall im Ohr, in dem sie mir antwortete, wenn ich sie um ein wenig Milchpudding anbettelte, bevor die erforderlichen vier Stunden seit der letzten Mahlzeit, bei der ich Fleisch gegessen hatte, verstrichen waren: »Nein, Tune, noch nicht ... *Haram,* mein Kind!« *Haram* ist ein Wort aus dem Arabischen, das sich am besten mit »Sünde« übersetzen lässt, auch wenn sich der Begriff der Sünde hier stark von dem unterscheidet, was man gemeinhin in der westlichen Kultur darunter versteht. Denn *Haram* meint nicht eine Schuld, ein Vergehen, das zu büßen wäre, sondern vielmehr ein Tun, das falsch ist, weil es nicht in Einklang mit der Harmonie des Universums und den Geboten Gottes steht.

Die Frömmigkeit meiner Mutter fand Ausdruck in ihren alltäglichen Verrichtungen. Allem, was um uns herum geschah, verstand sie, einen tieferen Sinn zu geben. Wie selbstverständlich waren bei ihr Geist und Materie untrennbar miteinander verbunden. So brachte sie dem einzigen Gebetbuch, das wir im Haus hatten, den gleichen Respekt entgegen wie dem täglichen Brot, unserem elementarsten und gleichzeitig kostbarsten Nahrungsmittel: Fiel das Buch oder ein Stück Brot zu Boden, hob sie es behutsam auf und küsste es, bevor sie es wieder an seinen Platz brachte.

Das Leben der Gemeinschaft war von einem Rhythmus geprägt, den einerseits die täglichen Gebete, der Sabbat und die religiösen Feste vorgaben, andererseits aber auch die Ereignisse im Privatleben jedes einzelnen Mitglieds – Geburten, *Bar-Mizwa,* Beschneidungen, Hochzeiten oder Trauerfälle. Die Anteilnahme aller an Freud und Leid verstärkte den Zusammenhalt der Gruppe und gewährleistete gegenseitige Unterstützung, obwohl auch Zwistigkeiten, Hass und üble Nachrede nicht fehlten.

In der jüdischen Tradition wird jeder Entwicklungsschritt im Leben eines Menschen, von den ersten Lebensmonaten an, festlich begangen, sodass ein Kind in dem Maße, in dem es dem Kreis der Familie entwächst, mit offenen Armen in der größeren Gemeinschaft aufgenommen wird. So feierten die syrischen Juden zum Beispiel auch ein schönes Fest, wenn beim Kleinkind der erste Zahn sichtbar wurde. Zu diesem Anlass bereitete man eine Süßspeise aus Weizenkörnern zu, die an den Übergang von der »Milch« des Säuglings zum »Brot« des Erwachsenen erinnert. Die Körner wurden so lange gekocht, bis sie cremig waren, und dann mit Nüssen, Rosinen, Pinienkernen sowie Zucker und Zimt verrührt. Heraus kam eine sehr leckere Suppe, die allen Gästen gereicht wurde, mit zahlreichen *Mazal tov*, »Viel Glück« also, für das Festtagskind.

Als mein Sohn David viele Jahre später *Bar-Mizwa* feierte, erlebte ich diesen Aspekt der Gemeinschaft in unserer Kultur in seiner ganzen Tiefe. Wie er da in der Hauptsynagoge von Mailand unter den vielen Menschen stand, die sich zu diesem besonderen Anlass eingefunden hatten, kam er mir noch zarter und schmächtiger vor, als er es mit seinen dreizehn Jahren ohnehin war. Zum ersten Mal trug er einen streng geschnittenen Anzug mit Jackett und Krawatte, und von der Empore aus, dem Platz für die weiblichen Gemeindemitglieder, spürte ich, wie er sich von mir entfernte, sich von mir löste, um sich der Welt der Erwachsenen zu stellen. Mit dem *Tallit*, dem Gebetstuch, über den Schultern trug er mit zunächst dünner, dann zunehmend sicherer werdenden Stimme die *Parascha* vor, das wöchentlich wechselnde Kapitel aus der Bibel. Meine Kehle war trocken, und vor Ergriffenheit standen mir die Tränen in den Augen, während ich mir immer wieder sagte, dass mein Sohn nun nicht mehr mir gehörte und dass auch ich nun einen neuen Abschnitt meines Lebens zu meistern hätte. Es war eine zweite Abnabelung, die sich hier vollzog, gemildert durch die Sympathie und Zuneigung in den Augen der Männer, die ihn umstanden. Nun war es an David, von seiner Freiheit den richtigen Gebrauch zu machen und alle Pflichten auf sich zu nehmen, die seine Entwicklung mit sich bringen würde. Nach der Zeremonie ging mein Sohn, der nun zum jungen Mann geworden war, reihum zu allen Anwesenden und reichte ihnen die Hand, um im Gedenken an unsere jahrtausendealte Tradition den neu geschlossenen Bund zu besiegeln.

Abgesehen von solch feierlichen Anlässen war der Sabbat das wichtigste Ereignis im Gemeinschaftsleben. Freitags stand man überall schon im Morgengrauen auf und machte sich fieberhaft daran, alle Verpflichtungen zu erledigen und das Notwendige vorzubereiten, um den Ruhetag angemessen begehen zu können, geistig und körperlich bereit zu sein für die Begegnung mit der »Königin«, dem symbolischen

Ausdruck dieses heiligen Tages, der seit unzähligen Generationen jede Woche gefeiert wird.

Die weibliche Symbolisierung des Sabbats liegt in der Frömmigkeit der Frau begründet, die in der jüdischen Religion einen derart hohen Stellenwert besitzt, dass sie von der Pflicht des Gebets befreit ist. Ihrer ganzen Existenz wohnt das Gebet inne.

Unruhe und fröhliche Erwartung lagen in der Luft, und unser Hof war erfüllt von Gesang, Stimmengewirr und dem Weinen von Kindern. Freitag war der Tag des Großreinemachens: Schon vom frühen Morgen an wurden überall Wassereimer über die Fußböden gekippt, der Staub wurde aus Matratzen und Teppichen geklopft, es wurde gewischt, gescheuert und poliert. Bis endlich ein wohltuender Geruch nach Frische und Sauberkeit die Luft erfüllte und von dem bevorstehenden Festtag kündete.

Um den Sabbat würdig zu begehen, galt es, sich sowohl äußerlich als auch innerlich zu läutern und zu reinigen. Diese Besessenheit, alles so rein wie möglich erstrahlen zu lassen, hatte auch zur Folge, dass wir von vielen Krankheiten verschont blieben, anders als viele arabische Einwohner von Damaskus. In der hektischen Atmosphäre der Sabbatvorbereitung standen wir Kinder überall im Wege. Niemand hatte Zeit für uns, und so wurde es uns immer langweiliger und unser Quengeln tönte beharrlicher und lästiger. Um mir bei meiner Mutter Gehör zu verschaffen, klammerte ich mich an ihr Kleid, und sie versuchte ungeduldig, mich abzuschütteln. Ich konnte von Glück sagen, wenn ich es schaffte, dass sie für ein paar Minuten ihre Arbeit unterbrach und mir etwas zu essen machte. Freitags war meine Mutter unbeugsam, ganz wie ihr Glaube.

Aber am Freitag wurde nicht nur geputzt und gescheuert, sondern es galt auch, Speisen für die gesamte Dauer des Sabbats zuzubereiten. Denn an diesem Tag ist es untersagt, zu kochen und Feuer zu entfachen, aber auch zu schreiben, zu nähen, zu reisen, kurz irgendeine Tätigkeit auszuüben, durch die der Zustand der Dinge verändert wird. Dies Innehalten gilt als Mahnung, dass die von Gott geschaffene Welt nicht unser Besitz ist, über den wir frei verfügen können. So wurden für das Fest alle möglichen Speisen zubereitet, etwa *Maude,* Huhn mit Kartoffeln, ein Gericht, nach dem wir uns die Finger leckten, dann Reis, gefüllte Weinblätter, *Cusa masci,* also Zucchini, mit Reis und Fleisch gefüllt, *Sambusk,* ein Auflauf mit Käse und Spinat, *Kube,* Weizenbällchen, gefüllt mit Fleisch, Nüssen und Pistazien, *Sachlab,* Pudding mit Nüssen, *Challot,* die typischen Sabbat-Zopfbrote, und nicht zu vergessen der Wein für den *Kiddusch,* den Segensspruch am Vorabend des Sabbats. Kuchen und Brot wurden in einem nahe gelegenen Gemeinschafsofen gebacken, und während die Frauen auf das Ende der Backzeit warteten, schwatzten sie miteinander, eingehüllt in einen herrlichen Duft, der Nase und Gaumen kitzelte.

Manchmal schickte meine Mutter auch mich los, um nachzusehen, ob unsere Sachen durchgebacken wären. Es war aufregend, am Leben der Frauen teilzuhaben. Ich lauschte dem Tratsch über kleinere Zwistigkeiten oder größere Liebschaften, die gerade entflammt waren, Verlobungen und Hochzeiten, die bald stattfinden sollten. Meiner kindlichen

Neugier öffnete sich ein schillerndes weibliches Universum, in dem es für mich noch alles zu entdecken galt. Was hätte ich mir als kleines Mädchen Aufregenderes wünschen können?

Es gab wirklich viel zu tun, und so behielt meine Mutter, während sie weiterhin hier und da wischte und schrubbte, auch all die Speisen, die auf dem Herd standen, im Auge. Der Geruch nach Frische und Sauberkeit vermengte sich mit den Küchendüften und weckte ein Gefühl freudiger Erwartung, die sich schon am nächsten Tag erfüllte. Reinheit und Überfluss sollten den Festtag des Herrn begleiten.

Für uns Kinder bekamen die Vorbereitungen einen unangenehmen Beigeschmack, wenn es darum ging, sich auch der Pflege des eigenen Körpers zu widmen. Dazu versammelte unsere Mutter meine Schwestern und mich um sich, und wir marschierten zum *Hammam,* dem türkischen Bad, wo es heiß, eng und stickig war durch den Dampf und die vielen Menschen mit ihren entblößten, abstoßenden Leibern. Hier schrubbte uns meine Mutter mit den letzten Kräften, die sie aufbringen konnte, bis unsere Haut wund war, und sie hatte kein Ohr für unser Weinen und Flehen. »*Machi, machi*«, »schrubb, schrubb«, feuerte sie sich und uns an, während sie stolz beobachtete, wie ihre Töchter immer sauberer wurden. Niemand von uns hatte jemals Läuse, ganz im Gegensatz zum Großteil der übrigen Bewohner von Damaskus. Rot und glänzend wie frisch gepflückte Äpfel sahen wir aus, wenn wir die Tortur überstanden hatten und nun die einzigen Kleider übergezogen bekamen, die wir besaßen; sie waren genauso frisch wie wir selbst und dufteten noch nach Sonne. Es waren

Kleider, die uns die Armseligkeit der übrigen Wochentage vergessen ließen, an denen wir kaum mehr als ein paar Stofffetzen am Leibe trugen. Nach uns konnte endlich auch unsere Mutter die wenigen Annehmlichkeiten genießen, die es in unserem Leben gab. Sie stieg ins Bad und kümmerte sich einige Minuten nur um sich selbst.

Mit geübten, energischen Bewegungen wusch sie gründlich jeden Teil ihres Körpers, und es dauerte eine ganze Weile, bis sie endlich zufrieden war und sich abtrocknete. Aufmerksam beobachtete ich sie. Doch sie war viel zu konzentriert, um meine Blicke zu bemerken: Sie war wunderschön, wie sie da aufrecht im Wasser saß, mit dem gelösten Haar, das auf ihre Schultern fiel, den von der Hitze geröteten Wangen, den klaren Augen und den vollen runden Brüsten, die ihre ganze Weiblichkeit zum Ausdruck brachten. Dann fasste sie ihr langes Haar zu einem Knoten zusammen, steckte ihn mit einer Spange am Hinterkopf fest, zog ihr rosa geblümtes Seidenkleid über und war fertig.

So verflog auch dieser Zauber, diese Enthüllung, die ich einige Augenblicke in mich aufnehmen durfte und die ich in meinem Innern stets wie einen Schatz hütete, um darauf später meine eigene Identität als Frau aufzubauen. Nun verharrte meine Mutter in Gedanken versunken einige Augenblicke, die mir unendlich lang vorkamen. Schließlich löste sie sich aus der Starre, doch ihre Bewegungen blieben gemächlich, wie von einem anderen inneren Rhythmus diktiert: Nun war ihr üblicher Tagesablauf unterbrochen, sie entzog sich den Mühen des Alltags und erwartete den Sabbat, an dem sie nicht schon im Morgengrauen würde aufstehen müssen. Gott der Herr war mit ihr, dessen war ich mir sicher.

In Wahrheit verhielt es sich so, dass es, kaum waren wir aus dem türkischen Bad zurückgekehrt, immer noch rasch etwas zu erledigen gab. Mehrmals trat meine Mutter auf den Hof hinaus und blickte gespannt zum Himmel, und wenn das Licht ihr sagte, dass sich in wenigen Minuten der erste Stern zeigen würde, beeilte sie sich, ihr Haupt mit einem *Mendil* zu bedecken, einem leichten Seidentuch, zündete die Kerzen an, legte die Hände vors Gesicht und sprach den Segen. Das flackernde Kerzenlicht erfüllte das Halbdunkel des Raumes und verbreitete einen tiefen Frieden. Von diesem Augenblick an kam alle Arbeit zum Erliegen: Der Sabbat ist der Tag Gottes und der Ruhe, heißt es in der *Thora*.

Nun war es Zeit, zur Synagoge in der Nähe unseres Hauses aufzubrechen, wo sich die Männer bereits eingefunden hatten. Dieses Gotteshaus hatte nur wenig mit jenen sehr viel größeren Synagogen gemein, die ich später kennen lernen sollte. Im Grunde handelte es sich um eine Ansammlung einzelner Räume, die um einen nur wenig größeren schmucklosen Saal angeordnet waren, in dem sich nur das befand, was wirklich unverzichtbar war: das Buch, die *Thora,* behütet in ihrem Schrein, dem *Aron Ha Kodesch.*

Die Vorfreude auf den Sabbat, die in der Synagoge herrschte, wirkte ansteckend: Das Zusammensein wärmte die Herzen der Gläubigen, die einander nun, gelöst lächelnd, wieder einen *Sabbat Schalom,* einen »guten Sabbat des Friedens«

wünschten. Wir Kinder spielten unterdessen in einem kleinen Hof und nahmen die Gebete von drinnen nur oberflächlich wahr, wie etwas, das uns nichts anging. Viele Jahre später wurde mir bewusst, wie fest sich das dort Aufgenommene in meinem Herzen verankert hatte. So wie die hebräischen Gesänge, die durch die Luft hallten und sich, ein jeder seinem eigenen Rhythmus folgend, mal abwechselten, mal überlagerten, bis plötzlich, wie durch Zauberei, die Stimmen zusammenfanden und alle gemeinsam »*Schma Israel! Adonai Elohenu Adonai Echad*«, »Höre Israel, unser Gott, unser einziger Gott« anstimmten. Nach den Gebeten versammelten die Familienoberhäupter ihre Kinder und Enkelkinder um sich, legten ihnen die Hände aufs Haupt und segneten sie mit tiefer innerer Anteilnahme, die noch verstärkt wurde durch das Band, das alle Mitglieder der Gemeinde umschloss. Kein Kind wollte diesen feierlichen Augenblick versäumen, denn er vermittelte das tröstliche Gefühl, geborgen und beschützt zu sein. Noch heute erfüllt mich diese Geste mit starker innerer Ergriffenheit, drückt sie doch besonders einprägsam das Verlangen aus, die eigenen Nachkommen zu beschützen.

Ich lebte bereits einige Jahre in Italien und hatte längere Zeit keine Synagoge mehr aufgesucht, als ich zu *Jom Kippur,* dem Versöhnungstag, beschloss, an einem Gottesdienst teilzunehmen. In der Synagoge drängten sich die Menschen, die ein Zusammengehörigkeitsgefühl dorthin geführt hatte, das stärker war als jede noch so scharfsinnige Überlegung zur Religion. Während ich den Gebetsgesängen lauschte, kehrten ganz allmählich die so lange zurückliegenden Erinnerungen an frühere Gefühle und Empfindungen zurück. In meine Gedanken versunken, wartete ich darauf, dass der *Schofar* geblasen wurde, jenes Horn, das an den Festtagen wie ein Signal aus alten Zeiten erklingt. Jede Familie hatte sich unter dem *Tallit* versammelt, dem Gebetsumhang des Familienoberhaupts, und wartete auf den Segen und die Vergebung der Sünden, um so zu einem neuen Gleichgewicht des Friedens zu finden, während die laute Stimme des Rabbi, der das *Schma Israel* angestimmt hatte, in der vollkommenen Stille des Tempels widerhallte. Die sonst so mitteilsamen und lärmenden Juden waren verstummt, ganz darauf konzentriert, im Chor zu antworten: »*Adonai Hu Haelohim*«, »Gott ist der Herr«. Das wiederkehrende *Schma Israel* des Rabbi, das wogende Meer der *Tallit,* die ungeteilte Andacht der Gemeinde verliehen diesem Ort eine *Keduscha,* eine »Heiligkeit«, der man sich nur schwer entziehen konnte, und berührten im tiefsten Innern die Herzen aller Anwesenden. Ich beobachtete die Familien neben mir: Die Väter, die unter dem *Tallit* ihre Kinder umfasst hatten, waren vorbehaltlos bereit, zu vergeben und die Nachkommen zu beschützen; sie hielten die Hände auf den Köpfen der Kinder in einer Geste der Segnung, fast so, als wollten sie ihr Wachstum bremsen, als wünschten sie sich, dass sie klein blieben, um sie nicht zu verlieren. Der dunkle Ruf des Widderhorns, des *Schofars* eben, verstärkte in allen das Gefühl, Teil einer sechstausend Jahre alten Geschichte zu sein, die noch heute mit unveränderter Spiritualität in den Herzen lebendig ist.

Nach der Feier in der Synagoge ging man hungrig nach Hause, voller Vorfreude auf das Abendessen, die einzige richtige Mahlzeit in der Woche, bei der die ganze Familie zusammen war. Der Raum war erhellt vom matten Schein der zuvor schon entzündeten Petroleumlampe, Großvater am Kopfende des Tisches stimmte den *Kiddusch* an, segnete dann das Brot und reichte jedem von uns ein in Salz getunktes Stück. Auch dies war ein Gebot, das alle Bewohner des Ghettos beherzigten: Der Vorabend des Sabbats war der Familie vorbehalten, und alle verbrachten ihn auf diese Weise, versammelten sich zum Mahl um den Esstisch und sangen Sabbatlieder.

Nach dem Essen und den Gesängen gab Großvater mit seiner schönen tiefen Stimme Geschichten zum Besten. Damals konnte ich noch nicht wissen, welche große Bedeutung diese Momente für mich haben sollten. Später erkannte ich, dass dieses Timbre stets den Stimmen jener Männer eigen war, in die ich mich verliebte. Zuweilen handelte es sich bei Großvaters Geschichten um Begebenheiten aus der jüdischen Tradition. Sie wurden eingeleitet mit »Wie Rabbi Moshe sagte ...« oder: »Wie im *Talmud* geschrieben steht ...«. Andere Male erzählte er Anekdoten aus seinem Leben, Reiseerlebnisse oder Berichte von seinem Arbeitsalltag, wenn er und sein mit Stoffballen beladener Esel in der Umgebung der Stadt unterwegs waren. Doch egal, welches Thema er wählte, seine Erzählungen versetzten mich stets in eine wohlige Stimmung, und ich fühlte mich sanft gewiegt, allein vom Klang seiner Stimme.

In meiner Lieblingsgeschichte ging es um seine Erlebnisse in einer unbekannten argentinischen Stadt. Großvater war damals ein junger, kräftiger Mann, aber er kannte niemand und verstand die Sprache der Menschen nicht. Ein Fremder in einem fremden Land. Eines Tages, nachdem er die Arbeitswoche hinter sich gebracht hatte, zog er seinen Feiertagsanzug an, verließ seine Unterkunft und wanderte, von Heimweh erfüllt, ziellos durch die Straßen. Er sehnte sich nach seinen Angehörigen und machte sich Sorgen wegen des bevorstehenden Sabbats, den er wohl nicht gebührend würde begehen können. Da plötzlich stand er, wie von Zauberhand geführt, vor einem kunstvoll gearbeiteten schmiedeeisernen Tor. Er fasste sich ein Herz, läutete, und das Tor ging auf. Man führte ihn in ein prachtvolles Haus, reich an erlesenen Möbeln und eleganten Kostbarkeiten, und ihm fielen sogleich die *Mesusot* auf, jene kleinen Hüllen, die die Schriftrollen des *Schma* enthalten und die in jüdischen Häusern am rechten Türpfosten des Eingangs befestigt werden. Die Anspannung löste sich, und mit einem langen Seufzer der Erleichterung dankte Großvater Mussa dem Herrgott sowie dem Hausherrn, der ihm nun entgegentrat, für das Geschenk dieses Sabbats. Endlich war er in Sicherheit, unter seinesgleichen. Noch bevor die Erzählung endete, war ich meistens schon sanft in den Armen eines meiner Geschwister eingeschlafen.

Es kam vor, dass die Großeltern dann über Nacht bei uns blieben. Kaum graute der neue Tag, da erhob sich Großvater, während alle anderen noch schliefen, vom Lager, legte den *Tallit* um und band die *Tefillin*, die Gebetsriemen mit den Kapseln, an der linken Hand und am Kopf fest. Im fahlen Licht des neuen Tages wirkte seine Gestalt groß und mächtig, wie er so dastand und die Morgengebete verrichtete. Meine

Mutter begann, das Zimmer aufzuräumen, ganz leise, um die feierliche Stimmung nicht zu stören. Ich blieb noch liegen und tat so, als schliefe ich. Tatsächlich aber genoss ich die Weisheit und Kraft, die diese Szene ausstrahlte: Die Geschäftigkeit meiner Mutter und die tiefe Frömmigkeit meines Großvaters schenkten mir eine Geborgenheit, auf die ich stolz war.

Mit wachen Sinnen nahm meine Mutter den gemurmelten Singsang der Gebete in sich auf, und während sie den Frühstückstisch deckte, beobachtete sie die Respekt einflößende Gestalt meines Großvaters, die das Brot segnete. Ehrfürchtig und ergeben nährte sie auf diese Weise ihre Seele mit dem Geist des Glaubens und zog daraus jene Kraft, die es ihr ermöglichte, ihren schweren Alltag zu bewältigen. Erst viele Jahre später begriff ich, dass sie von ihrem Vater Anregungen empfing, die dem, was sie von ihrem Mann erwarten konnte, geradezu entgegengesetzt waren. Von diesem hatte sie zwar ihre Kinder, doch er war ein Mensch, der sich stark von seinen Instinkten leiten ließ, also mehr ein Mann, dessen Bedürfnisse zu befriedigen waren, als ein Gefährte, mit dem sich tiefe Gefühle hätten teilen lassen. Wenn ich ihr Verhalten diesen beiden Männern gegenüber beobachtete, verstand ich oft nicht, wie sie mit diesem Zwiespalt leben konnte. Ich selbst fühlte mich mal zu diesem, mal zu jenem hingezogen. Bis heute ist die Frage, die sich daraus für mich ergab, ohne Antwort geblieben: Lebt irgendwo ein Mensch, der die Wesenszüge beider in sich vereint?

II
Ein kleines Mädchen im Ghetto

Ich war ein recht lebhaftes, aufgewecktes Kind, und man konnte mir bereits im Alter von fünf Jahren kleinere Pflichten übertragen, so dass ich meinen Teil zum Familienleben beitrug. Zu den angenehmsten Pflichten zählte die Aufgabe, Großmutter bei ihren nachmittäglichen Besuchen zu begleiten, die sie aus alter Gewohnheit auch jetzt im Alter noch unternahm. Obwohl blind und von zahlreichen Schicksalsschlägen gezeichnet, hatte sie sich eine imponierende Würde bewahrt, die ihr etwas Vornehmes gab. Sie hieß Shimsha, »fröhlich«, und war eine grazile kleine Dame mit blauen Augen und einer wunderbaren Stimme, die meine Kindheit mit unzähligen Melodien bereicherte. Trotz ihrer kargen Mittel kleidete und frisierte sie sich stets äußerst sorgfältig. Meist trug sie ihr schneeweißes Haar zu Zöpfen geflochten, die ihr auf die Schultern fielen.

Ich holte sie an ihrem Haus ab, in dem sie mit Großvater lebte und das sie noch ohne fremde Hilfe in bester Ordnung hielt. Vielleicht auf Grund ebendieser Reinheit kam mir ihr Zuhause immer besonders luxuriös vor, auch wenn es dort in Wirklichkeit trotz ein wenig Zierrat und einiger Möbel sehr,

sehr ärmlich war. Das Haus stand am Rande des Ghettos, und die Fenster gingen auf einen von Arabern bestellten Obsthain hinaus. Diese Fenster bildeten für mich eine Grenze, hinter der sich eine andere Welt öffnete, die meine Neugierde weckte, mir aber gleichzeitig auch gehörig Angst einjagte. Von dort drüben hätte jemand kommen und uns etwas antun können.

Großmutter und ich besuchten Verwandte von Großvater, Geschwister, Neffen und Vettern, und wurden überall warmherzig aufgenommen: Großmutter bot man Tee an und zum Rauchen eine Wasserpfeife, mir irgendwelche Süßigkeiten, Plätzchen oder Bonbons. Die Erwachsenen tauschten Neuigkeiten zu den einzelnen Mitgliedern der vielköpfigen Familie aus, während ich mit den anderen Kindern in einer Ecke des Raumes spielte. Die Plauderei plätscherte dahin, entspannt und angenehm wie das Gluckern der Wasserpfeife.

Wenn ich an die heitere Gelassenheit meiner Großmutter zurückdenke, kommt mir häufig die Wasserpfeife in den Sinn, der einzige Luxus, den sie sich in ihrem Leben leistete. Auch später in Israel, als sie schon nicht mehr gehen konnte, richtete meine Mutter ihr jeden Nachmittag die Pfeife, mit kleinen glühenden Kohlestücken und Tabak. Wasser filterte den Rauch mit einem unaufdringlichen regelmäßigen Geräusch, bei dem die Gedanken schweifen konnten. So versank Großmutter in ihren Erinnerungen oder stimmte alte arabische Weisen an, aus denen Not und Leid sprachen.

Hatten wir uns von den Verwandten verabschiedet, ergriff ich wieder Großmutters Hand und führte sie durch unser Viertel nach Hause, erwiderte hier und da Begrüßungen von

Bekannten und war furchtbar stolz und glücklich, so nützlich zu sein.

Aber nicht alle Aufgaben, denen ich nachkommen sollte, waren so angenehm. Für ein paar Nahrungsmittel als Lohn putzte meine Mutter bei wohlhabenden Juden, die am Rand des Ghettos in einer mehrstöckigen Wohnung mit vielen Räumen lebten, ein wahrer Palast verglichen mit unserer armseligen Einzimmerwohnung. Eines Tages ergab es sich, dass meine Mutter verhindert war, und sie beschloss, mich als Vertretung zu schicken. Ich war entsetzt, weinte und schrie und protestierte mit aller Macht, weil ich die Vorstellung, für andere Leute putzen zu müssen, überaus erniedrigend fand. Doch meine Mutter war stärker als ich und betonte, dass wir die Lebensmittel dringend brauchten, ja, dass wir ohne sie verhungern würden. So musste ich wohl oder übel nachgeben und putzte schließlich nicht nur die Wohnung der reichen Juden, sondern auch ihre Toilette, ein enges Stehklosett mit von Urin gelb verkrusteten Rändern, das so erbärmlich stank, dass sich mir der Magen umdrehte. Nur mit Mühe konnte ich die Tränen zurückhalten, die meine Augen verschleierten.

Als ich nach Hause kam und einen großen Topf mit einer Gemüsesuppe mitbrachte, spürte ich, dass meine Mutter mir dankbar war, obwohl sie es nicht durch Worte oder Gesten eigens zum Ausdruck brachte. Wahrscheinlich war ihr bewusst, dass diese Arbeit von einem fünfjährigen Mädchen zu viel verlangt war, und sie schickte mich nie wieder zu diesen Leuten. Doch das Gefühl der Erniedrigung, das mich an jenem Tag ergriffen hatte, ließ mich lange nicht los, besonders wenn ich an meine Mutter dachte, die zu dieser Arbeit gezwungen war, um unseren Lebensunterhalt zu sichern, und die dafür jeden Stolz fahren lassen musste. So lernte ich, dass man sich für keine Arbeit, die einen vor dem Verhungern bewahrt, schämen muss.

Die Auswirkungen des Zweiten Weltkriegs machten auch für uns in Syrien die Situation immer schwieriger. Von Tag zu Tag wuchs der Antisemitismus auf arabischer Seite und verstärkte unsere Isolierung und die Furcht, die alle ergriffen hatte.

Da es im Ghetto selbst kein Trinkwasser gab, mussten wir an einem Brunnen im arabischen Teil der Stadt Wasser schöpfen. Zum einen aus Neugier, zum anderen, um mich nützlich zu machen, schloss ich mich manchmal einer Gruppe von Frauen zum Wasserholen an. Obwohl ich in Begleitung war, überschüttete mich meine Mutter, bevor sie mich gehen ließ, mit Ermahnungen. Nicht grundlos, denn es war schon vorgekommen, dass Kinder plötzlich wie vom Erdboden verschwunden waren oder durch Bonbons, die Fremde verteilt hatten, vergiftet wurden: »Sprich mit niemandem, nimm nichts an von Leuten, die du nicht kennst ...« So gewannen Argwohn und Angst die Oberhand über meine angeborene Geselligkeit, und als mich einmal direkt beim Brunnen ein älterer Araber ansprach und um etwas bat, nahm ich, noch bevor er den Satz beendet hatte, Reißaus und drehte mich kein einziges Mal um, bis ich mich endlich unter meinen Leuten wieder in Sicherheit fühlte.

Die Atmosphäre wurde immer bedrückender: Entführungen und Hinterhalte waren fast an der Tagesordnung, die Erwachsenen waren niedergeschlagen und beschworen uns immer wieder, brav zu sein und in der Nähe zu bleiben. Nach Sonnenuntergang ging kein Mensch mehr auf die Straße, und sogar mein Vater und mein Großvater wagten es nicht mehr, in den Nachbardörfern ihren bescheidenen Geschäften nachzugehen.

Nun war mein Vater fast ständig im Haus, und zwangsläufig wurde die Beziehung zwischen meinen Eltern enger, was meinen wachen Augen nicht entging. Mein Vater hielt meine Mutter ständig auf Trab, wollte immerzu irgendetwas, zu essen, zu trinken und dergleichen, und sie kam seinen Wünschen nach, nicht unfreundlich, aber rasch, geschäftig. Häufig näherte er sich ihr auch mit einem maliziösen Lächeln, das für mich viele Geheimnisse barg. Ein wenig verlegen, leicht den Kopf schüttelnd und mit den Schultern zuckend, wies meine Mutter ihn ab und murmelte dabei, jedoch mit einem fast bedauernden Unterton: »Ich hab doch zu tun.« Keine einzige ihrer verstohlenen Botschaften entging mir, und egal, welches Spiel ich gerade spielte, ich hielt mit einem diabolischen Gespür inne und beobachtete sie, zuweilen auch nachts über den Schrankspiegel, merkte mir ihre Gesten und empfand dabei eine eigenartige, wohlige Erregung.

Meine Schwester Noemi und meine älteren Brüder besuchten weiterhin die in der Stadtmitte gelegene *Alliance Française.* Diese namhafteste Schule von Damaskus war eigentlich den Kindern aus dem angesehensten lokalen Bürgertum und der großen Kolonie wohlhabender Ausländer vorbehalten, doch mit Unterstützung der französischen jüdischen Gemeinde wurden immer auch einige junge Juden ohne die erforderlichen finanziellen Mittel aufgenommen. Eines Tages nahm man auch mich zu dem großen weißen Gebäude mit, das die Schule beherbergte, und brachte mich im dortigen Kindergarten unter. Doch ich litt unter der Trennung von meiner Mutter, und in jeder Pause ließ ich die Kindergärtnerin, meine Spiele und die anderen Kinder zurück und machte mich auf die Suche nach Noemi und meinen Brüdern. Ich war benommen von dieser neuen Welt aus langen Fluren, den von haushohen Zäunen umgrenzten Höfen und Gittertüren, die die Jungen- und Mädchenbereiche voneinander trennten. Mein größtes Problem aber war die Sprache, denn während ich nur Arabisch konnte, redeten alle anderen hier Französisch. Und so dauerte es nicht lange, bis ich wieder in unseren heimischen Hof und unter Mamas Fittiche zurückkehren durfte.

In ebenjener Schule geschah es, dass meine Geschwister Anfang der vierziger Jahre mit illegalen Organisationen in Berührung kamen und anfingen, Hebräisch zu lernen. Da sie im religiösen Sinne bereits volljährig waren und daher die *Thora* lasen, war ihnen die Sprache nicht unbekannt. Nun aber, und das war neu, erfuhren sie von den jungen jüdischen Lehrern, die sie in der *Alliance Française* unterrichteten, dass das Hebräische nicht bloß zum Studieren und Beten tauge, sondern auch für den Alltag, mit anderen Worten also wieder eine lebende Sprache werden könne. Es begann sich etwas zu verändern, junge Juden schlossen sich zusammen, sangen neue Lieder auf Hebräisch, diskutierten über Palästina, dort unten, jenseits der Grenze. Dann, hin und wieder, verschwand eine Gruppe solcher Jugendlicher auf geheimnisvolle Weise, ohne dass sich jemand nach ihrem Verbleib erkundigte oder Auskunft darüber erhielt.

In jenen Jahren war Palästina Mandatsgebiet Großbritanniens, und die britische Regierung hatte jedwede jüdische Einwanderung in dieses Gebiet untersagt. Dennoch trieb der Judenhass, der in Europa und arabischen Ländern wütete, viele Verfolgte dazu, mit Unterstützung zionistischer Organisationen illegal nach Palästina einzuwandern. Auch aus Syrien machten sich die ersten Gruppen auf. Sie bestanden fast ausschließlich aus jungen Leuten, von denen man annehmen durfte, dass sie den zahllosen Problemen, die nicht nur die Einschleusung, sondern auch die Inbesitznahme des ausgedorrten Landes mit sich brachten, gewachsen sein würden. Um den Kontrollen der Araber oder Engländer zu entgehen, setzte man diese Gruppen des Nachts in aller Heimlichkeit und ohne Vorankündigung in Marsch. Meine Brüder Moshe und Eli verließen uns auf diese Weise, ohne Abschied, ohne Gepäck, ohne dass ich irgendwie hätte begreifen können, was da überhaupt vor sich ging.

III
Die Flucht

Die Überfälle auf unser Ghetto häuften sich. Meistens suchte man sich den Sabbat dafür aus, wenn die Opfer am wenigsten auf Widerstand vorbereitet waren. Dann stürmten mit Steinen und Messern bewaffnete Arabergruppen mit lautem Gebrüll durch die Straßen und machten alles nieder, was sich ihnen in den Weg stellte. In panischer Angst verschanzten wir uns im Haus, versperrten Türen und Fenster und beteten leise, aber voller Inbrunst das *Schma Israel,* während wir darauf warteten, dass der Sturm sich legen oder in eine andere Richtung ziehen würde.

Trotz der immer kritischer werdenden Lage sperrte sich meine Mutter dagegen, Noemi mit einer Gruppe, die sich zur Flucht nach Palästina vorbereitete, ziehen zu lassen. Vielleicht auch deshalb, weil ihr die Erstgeborene eine große Hilfe im Haushalt und bei der Versorgung der kleineren Geschwister sowie der Großeltern war. Erst als eines Abends eine Bande Araber, zahlreicher und aggressiver als je zuvor, durch das Ghetto stürmte, änderte meine Mutter ihre Meinung. In Angst und Schrecken versetzt durch das Gebrüll dieser Männer, nahm sie mich, setzte mich meiner Schwester auf den Arm und erklärte kurz entschlossen: »Bring sie in Sicherheit! Möge Gott euch beistehen!«

So rasch und heimlich musste alles vor sich gehen, dass sich niemand die Mühe machte, mir irgendetwas zu erklären. Man sagte sich wohl auch, dass es da nicht viel zu erklären gab: Es galt, die nackte Haut zu retten, und dazu gab es nur eine Möglichkeit: die Flucht.

In der pechschwarzen Nacht nahm mich Noemi bei der Hand und führte mich durch die Gassen des Ghettos zu einem nicht weit entfernten Platz, wo sich bereits zahlreiche Jungen und Mädchen eingefunden hatten. Geschwind, aber fast lautlos, folgten sie den geflüsterten Anweisungen der Gruppenführer, bemüht, nicht die Aufmerksamkeit der Araber auf sich zu ziehen. Es dauerte nicht lange, bis einige Krankenwagen des Roten Kreuzes eintrafen, die, gut getarnt, unseren Transport übernehmen sollten. Es handelte sich um fensterlose alte Klapperkisten, wie geschaffen, um eine geheime Fracht zu verbergen. Wir stiegen also ein, immer mehr, und bald schon herrschte ein unglaubliches Gedränge. Ich war wie betäubt von dem Gewühl und all den Eindrücken und verstand überhaupt nichts von dem, was um mich herum geschah. Doch in der Nähe meiner Schwester fühlte ich mich sicher. Während ich mich fester und fester an Noemi klammerte und mir immer wieder sagte, dass mir an ihrer Seite nichts geschehen könne, wurden die Türen geschlossen. Da überkam mich doch die Angst, und ich begann haltlos zu weinen. Ich glaubte zu ersticken in dieser Enge, dieser Dunkelheit. Auch Noemis Gesicht konnte ich nicht mehr sehen, hörte nur noch ihre Stimme, die besänftigend auf mich einredete: »Keine Angst, ich bin doch bei dir, du musst nicht weinen.« Doch ihre Bemühungen waren vergeblich. Von Panik ergriffen, heulte und brüllte ich in einem fort: Ich wollte zu meiner Mama, ich wollte nach Hause, ich wollte weiterhin das tun, was ich jeden Abend in meiner kleinen Welt getan hatte.

Nach einer langen Fahrt hielten die Krankenwagen, und man ließ uns aussteigen. Wir waren bereits ganz nahe an der Grenze. In den Hügeln zu unserer Linken patrouillierten syrische Soldaten, die auch das Tal kontrollierten. Vor uns aber lag die Rettung, Palästina, unser Israel. Ein einziges Hindernis blieb noch, wir mussten das Tal durchqueren, ohne bemerkt zu werden, weder von den Syrern diesseits noch von den Engländern jenseits der Grenze. Das war alles andere als leicht, und aus diesem Grund hatte man die Gruppen auch nicht aus ganzen Familien zusammengesetzt, in denen Alte und Kinder hinderlich gewesen wären, sondern nur aus jungen Leuten, die flink und kräftig genug waren, um mit den Gegebenheiten zurechtzukommen. Als einziges kleineres Kind in der Gruppe war ich eine Ausnahme und stellte ein zusätzliches Problem sowohl für die Organisatoren als auch für die anderen Flüchtlinge dar.

Da ich durch nichts zu bewegen war, mit dem Weinen aufzuhören, band man mir den Mund mit einem Lätzchen zu und lud mich dann einem fremden jungen Mann auf die Schultern. Jemand gab Anweisungen auf Hebräisch und Arabisch, und bald schon marschierten wir dicht beieinander in vollkommener Stille zwischen Felsen und Buschwerk durch das stockdunkle Tal. Mit weit aufgerissenen Augen widerstand ich dem Schlaf und lief auch selbst hin und wieder ein kurzes Stück: Die Felsen kamen mir wie riesige Ungeheuer vor und vermischten sich mit den Fantasiegestalten meiner Träume, verflochten sich zu einem Albtraum, der mich noch jahrelang verfolgen sollte.

Wohlbehalten kamen wir in Methula direkt hinter der Grenze an. Hier erwarteten uns Lastwagen, die weniger unbequem, eng und stickig waren als die Krankenwagen. Sie brachten uns nach Aiyelet-Hashahar, einen Kibbuz, der auf die Aufnahme jüdischer Flüchtlinge vorbereitet war, die illegal, meistens aus Syrien, über die Grenze im Norden des Landes kamen. Wir zogen uns rasch um, das heißt, wir tauschten unsere ärmliche Kleidung gegen die übliche Kibbuztracht: Hose, Unterhemd und den typischen Schlapphut, *Kova tembel* genannt, das Symbol der Mitglieder der israelischen Kibbuzim. So eingekleidet würden die Engländer die Neuankömmlinge nicht mehr von den alteingesessenen Bewohnern des Dorfes unterscheiden und zurückschicken können. Man riet uns auch dringend, nur noch Hebräisch zu sprechen, um unsere Herkunft nicht zu verraten. Mich persönlich forderte man auf, am besten den Mund zu halten.

Hellwach nahm ich alles wahr, was um mich herum vorging, und versuchte mir einen Reim darauf zu machen, auch wenn die Älteren, einschließlich meiner Schwester, glaubten, ich sei noch nicht in der Lage, Fragen zu stellen oder Erklärungen zu verstehen. In der Tat fiel es mir schwer, mit der raschen Abfolge der Ereignisse fertig zu werden: die Flucht, die Fahrt, die nächtliche Grenzüberschreitung, der Kibbuz, die neuen Kleider, die Holzbaracken, die Duschen ... Wie sollte ein kleines Mädchen von nicht einmal sechs Jahren mit einem derart drastischen Bruch in seinem Leben umgehen?

Dennoch, da ich ja nicht nur Zeuge dieser Ereignisse war, sondern sie am eigenen Leibe erlebte, musste ich irgendeine auf mein Alter zugeschnittene Erklärung für all die Vorgänge finden. Eine Erklärung, die es mir ermöglichte, mit der neuen Situation zurechtzukommen. So versuchte ich, die vielen Gedanken zu ordnen, die mir im Kopf herumschwirrten. Dabei hatte ich immer noch die Stimme meiner Mutter im Ohr, die in Panik meiner Schwester befahl: »Bring sie in Sicherheit«, und damit dem, was ich erlebte, eigentlich schon einen klaren Sinn gab: Ich hatte vor einer entsetzlichen Gefahr fliehen müssen, die mein Leben bedrohte. Nun jedoch galt es zunächst einmal herauszufinden, ob den Menschen um mich herum, die mir vollkommen fremd waren und mit denen ich mich nur mit Gesten verständigen konnte, zu trauen war. Die einzige Sprache, die ich beherrschte, war Arabisch. Die hebräischen Wörter, die ich in Syrien hier und da aufgeschnappt hatte, waren nur im Zusammenhang mit religiösen Verrichtungen, etwa dem Studium der Heiligen Schriften und den Geboten, von denen ich noch ausgeschlossen war, verwendet worden. Jetzt aber konzentrierte ich mich darauf, alle Signale zu registrieren, die mir irgendwie positiv vorkamen, angefangen bei den freundlichen, lächelnden Gesichtern jener Menschen, die mich nach Palästina mitgenommen und im Kibbuz empfangen hatten.

Es gab Momente, da die Sehnsucht und das Gefühl der Verlassenheit kaum auszuhalten waren. Dann überkam mich ein unbändiges Verlangen nach meiner Mutter, ich wollte bei ihr sein, ihre Stimme hören und ihre Wärme spüren. Den Schmerz lindern konnte nur meine Schwester, die mich liebevoll umsorgte und mir das Gefühl gab, behütet und beschützt zu sein. Nachdem wir die Flucht gut überstanden hatten, begann Noemi, mir sehr einfühlsam Antworten auf meine drängendsten Fragen zu geben. Sie versicherte mir immer wieder, dass unsere Mutter bald, sehr bald, bei der erstbesten Gelegenheit schon, zu uns stoßen würde.

Das Trauma der urplötzlichen Umwälzung meines gewohnten Lebens hatte mich verändert und beeinflusste auch mein Verhalten den Menschen gegenüber, mit denen ich nun zu tun hatte. Das Ghetto in Damaskus war meine Welt gewesen, dort war ich geboren und aufgewachsen, dort bewegte ich mich ganz selbstverständlich, kannte die Gewohnheiten und Regeln, während im Kibbuz nun alles ganz anders war, neu, mit fremden, bisweilen unverständlichen Abläufen und Sitten. Ich nutzte mein Gespür und meine angeborene Beobachtungsgabe, um so schnell wie möglich all das zu lernen, was mir zum Überleben nützlich sein konnte. So schwankte ich zwischen Momenten des Glücks, in denen wie früher ein Lächeln mein Gesicht erstrahlen ließ, und langen Stunden tiefster Traurigkeit.

In Aiyelet-Hashahar blieben wir nur kurz, vielleicht einen Tag, höchstens zwei. Unterdessen hatte ich Gelegenheit, zum ersten Mal englische Soldaten in ihren Uniformen mit dem roten Barett auf dem Kopf zu sehen: Mit Jeeps fuhren sie bei uns vor, um zu kontrollieren, ob neue illegale Flüchtlinge eingetroffen wären. Wahrscheinlich waren sie von Spitzeln informiert worden, die unsere nächtliche Wanderung beobachtet hatten. Doch unverrichteter Dinge mussten sie wieder abziehen: Zu gut waren wir getarnt inmitten der anderen Kibbuzbewohner, mit den gleichen Hemden, den gleichen Hosen und den typischen *Kova-tembel-Hüten*.

Nachdem wir die erste und gefürchtetste britische Kontrolle überstanden hatten, begannen die für die Organisation zuständigen Leute, unsere Gruppe auf verschiedene Dörfer in ganz Israel aufzuteilen. Dreißig von uns, darunter meine Schwester und ich, sollten in Alonim in den Hügeln, die sich über dem Emeq Israel, Tal Israel, erheben, unterkommen. Damals konnte ich es nicht wissen, aber Alonim sollte mein neues Zuhause werden, jener Ort, an dem ich von nun an meine Kindheit und dann meine gesamte Jugend verbrachte. Im Februar 1944 trafen wir dort ein.

IV
Eine neue Welt

Der Kibbuz Alonim war von einem herrlichen Wald mit jahrhundertealten Bäumen umgeben, dem einzigen Wald in ganz Galiläa, der vor den Äxten der Osmanen verschont geblieben war.

Erst wenige Jahre vor unserer Ankunft von einer Gruppe junger Juden aus Deutschland und Polen gegründet, die sich gerade noch rechtzeitig vor dem Rassenwahn der Nationalsozialisten hatten in Sicherheit bringen können, beherbergte Alonim in den vierziger Jahren um die hundert *Chawerim*, echte Kibbuzangehörige also, sowie deren Kinder, die ersten, die im Land Israel das Licht der Welt erblickt hatten.

Neben der eigentlichen Siedlung, die aus Zelten und Holzbaracken bestand, war in aller Eile eine zweite, kleinere Zeltstadt zur Aufnahme von Flüchtlingen errichtet worden, die nun in immer größerer Zahl nach Palästina einströmten. Für diese neuen Einwanderer bedeutete Alonim lediglich eine Etappe, einen vorübergehenden Aufenthalt, bevor der Ort, an dem sie sich endgültig niederlassen konnten, gefunden war.

Von all dem verstand ich nichts, aber ich spürte, dass sich unser Leben nun zu festigen begann und dass wir wohl nicht erneut würden fliehen müssen. In dem heillosen Durcheinander entging mir nicht, dass man sich wirklich um uns kümmerte: Man schnitt uns die Haare, wog und untersuchte uns und versorgte uns mit den notwendigsten Impfungen. Wir wurden in eine Liste aufgenommen, und jeder bekam seinen neuen Namen. Einen hebräischen Namen. Von meiner Schwester hörte ich, dass ich von nun an Masal heißen würde. Das bedeutet »Glück« und ist die genaue Übersetzung meines arabischen Namens »Tune«. Für mich war das eine weitere unverständliche Veränderung, die mich aufwühlte und deren Sinn ich erst erkennen musste. Warum änderte sich alles? Warum bloß?

Später verstand ich, dass Namensänderungen – wie sie auch nach der Geburt des Staates Israel beibehalten wurden – zu den Sicherheitsmaßnahmen zählten, die den Briten die Kontrolle über illegale Einwanderungen nach Palästina erschweren sollten. Gleichzeitig waren sie Ausdruck einer neuen Identität und der Hoffnung auf ein neues Leben, weit entfernt von der Not, vor der wir alle geflohen waren. In jenen Jahren, da Millionen von Juden dem Holocaust zum Opfer fielen, erfüllte sich auch Herzls Traum: Das jüdische Volk kehrte heim und nahm das Land seiner Väter und damit seine eigene Geschichte wieder in Besitz. Mit seinen eigenen Worten: »*Im tirzu ejn so hagada*«, »Wenn ihr wollt, wird es keine Legende bleiben.«

Um etwas Ordnung in meine Gedanken zu bringen, begann ich, Vergleiche anzustellen. Als ich noch in Damaskus lebte, nahm mich meine Mutter zum *Hammam* mit und schrubbte mich dort in den heißen, stickigen Dämpfen. An diesem neuen Ort war es meine Schwester, die mich gründlich wusch, und zwar unter einer eiskalten Dusche in einem riesigen leeren Raum. Das Rauschen des Wassers hallte von den Wänden wider und machte alles noch unheimlicher. Zu Hause hatte ich immer das flache, schwammige *Pitta*-Brot gegessen, hier bekam ich Brot mit Marmelade drauf, merkwürdige Speisen, die ich nicht kannte, die mir nicht schmeckten und die ich kaum schlucken konnte. Auch was das Schlafen betraf, war alles anders: Eine schmale Metallpritsche hatte die weite Fläche ausgebreiteter Teppiche, auf denen nachts meine ganze Familie Platz fand, abgelöst. Dort lag ich nun dicht an Noemi gedrängt und klammerte mich ängstlich an sie. Und immer wieder gingen mir die gleichen Fragen durch den Kopf. »Warum bin ich hier? Was wird noch alles geschehen? Wem kann ich vertrauen? Und was ist mit meiner Mama?«

Auch mein neuer Name verwirrte mich. Ich konnte mich einfach nicht daran gewöhnen zu reagieren, wenn jemand nach Masal rief: Masal, das war ich nicht.

Die Wochen gingen ins Land, und ich kam allmählich zur Ruhe, wozu auch Noemis ständige Beteuerung, dass bald die ganze Familie nachkäme, beitrug. Ebenso half die Atmosphäre im Kibbuz, meine Ängste abzubauen, denn ich spürte, dass dies ein geschützter, sicherer Ort war. Darüber hinaus lebten in der provisorischen Zeltstadt, in der wir untergebracht waren, auch jene Jugendlichen, die mit uns aus Damaskus gekommen waren und nun so etwas wie ein Element vertrauter Kontinuität in meinen Alltag brachten.

Der Kindergarten, den ich fortan besuchen sollte, war in einem schönen Steingebäude untergebracht, umgeben von einer grünen Wiese, auf die die Schatten jahrhundertealter Eichen fielen. Man hatte ihn mit verschiedensten Spielgeräten ausgestattet, einer Rutschbahn, einer Schaukel und einem großen Sandkasten. Während ich mich an Noemis Hand klammerte, beobachtete ich eine ganze Zeit lang die Kinder, die eine mir unverständliche Sprache sprachen und fröhlich lärmend miteinander spielten. Es dauerte, bis ich Zutrauen fasste, aber schließlich akzeptierte ich es sogar, unter der Obhut der Kindergärtnerin Lottie und der *Metapelet* Chaia, der Betreuerin, auch allein im Kindergarten zu bleiben, obwohl dort niemand Arabisch mit mir sprach. Und endlich, eines Morgens, strahlte auf meinem Gesicht wieder das lange vergessene Kinderlächeln.

Unter allen Kibbuzbewohnern gab es nur einen Mann, mit dem ich problemlos Arabisch sprechen konnte. Er war für die Aufnahme der Flüchtlinge aus Syrien und anderen orientalischen Ländern zuständig und hatte uns auch bei unserer Ankunft geholfen, die Unterlagen für neue Dokumente auszufüllen. Dieser junge *Chawer*, und auch seine Frau, kümmerte sich um mich, half mir, mich einzufinden, übersetzte für mich die Gespräche der anderen und brachte mir auch ein wenig Hebräisch bei.

Das Essen blieb aber eine fast unüberwindliche Hürde für mich, auch wenn ich mich jetzt nicht mehr allem, was gekocht wurde, verweigerte. Die Küche im Kibbuz orientierte sich an den Essgewohnheiten seiner Gründer, und daher kamen häufig Gerichte deutscher oder polnischer Herkunft auf den Tisch, wie etwa *Borscht*, Spinatpüree, Salat mit Zucker, verkochte Nudeln mit Marmelade, kurzum, alles Speisen, die für mich völlig ungenießbar waren. So begnügte ich mich oft mit ein wenig rohem Gemüse oder anderen ungekochten Nahrungsmitteln, die ich auftreiben konnte, etwa Brot, Käse, Milch oder Eiern.

So gingen die Wochen ins Land, der Frühling kündigte sich an, und alles erschien nun in einem freundlicheren Licht. Die Nähe meiner Schwester war mir Trost und Band zu der Welt, die ich hinter mir gelassen hatte, zu meinen Eltern und Geschwistern, und ermöglichte es mir, zumindest ansatzweise, das erlittene Trauma zu verarbeiten.

Eines Tages wurden wir beide zu einer Unterredung mit den Leitern des Dorfes und der zionistischen Organisation, die unsere Flucht geplant hatte, bestellt. Man fragte mich, ob ich im Kibbuz bleiben wolle. Und ohne lange nachzudenken, antwortete ich mit Ja: Nun war ich schon mal da, hatte gerade begonnen, mich einzugewöhnen, und hätte auch nicht gewusst, wohin ich sonst gehen könnte. Nicht im Traum hätte ich mir gedacht, was diese Antwort für mich bedeutete: Ich würde mich von meiner Schwester trennen müssen. Niemand hatte zuvor solch eine Möglichkeit angedeutet, und für mich war es absolut undenkbar, dass so etwas geschehen könnte. Diese Männer jedoch, die da vor mir saßen, kümmerten sich gewöhnlich nur um Jugendliche, also bereits leidlich selbstständige Menschen, die leicht in andere Kibbuzim zu integrieren waren: Kleine Kinder, die zu betreuen und zu behüten waren, kamen in ihren Planungen einfach nicht vor. Niemand wusste so genau, was mit mir geschehen sollte, einem elternlosen fünfjährigen Mädchen, dessen Schwester selbst zu jung war, um sich eine so schwere Verantwortung, wie es meine Versorgung und Erziehung darstellten, aufzuladen. So hatte man also beschlossen, dass ich in Alonim bleiben sollte. Dort gab es immerhin einen Kindergarten mit anderen Kindern in meinem Alter. Und dies war auch der Grund, warum man mich gefragt hatte, ob ich bleiben wolle. Es war die einzig möglich erscheinende Perspektive und mein Ja die einzige Antwort, die ich geben konnte.

Eines Morgens begann man, meine Schwester auf die bevorstehende Abfahrt vorzubereiten. Ich selbst spielte unterdessen seelenruhig in der Nähe, in der Gewissheit, dass ich, egal was käme, auf alle Fälle bei ihr bleiben würde. Als der Bus vorfuhr, der die aufbrechenden Jugendlichen einsammelte, stieg sie ein, während man mich, die ich ihr wie immer folgen wollte, mit Gewalt zurückhielt. Als ich begriff, was da vor sich ging, überkam mich eine abgrundtiefe Verzweiflung, und ich begann zu brüllen und mich zu wehren. Aber der Bus fuhr an, und ich sah nur noch, wie mir Noemi, selbst in Tränen aufgelöst, durch die Rückscheibe matt und traurig zuwinkte. Zum zweiten Mal in meinem Leben spürte ich, wie mich der Schmerz des Verlassenwerdens förmlich zerriss. Allein: ein Wort, das noch heute mit einem tiefen, kalten Echo in mir widerhallt und untrennbar mit dem Bild meiner Schwester verbunden ist, wie sie mir weinend durch die verstaubte Busscheibe zuwinkt. Tagelang sah ich nichts anderes als dieses eine Bild, die sich entfernende Noemi hinter der Glasscheibe, ein starres Photogramm in unendlicher Wiederholung.

Mir war eigentlich nie richtig erklärt worden, warum ich dieses entsetzliche Abenteuer zu bestehen hatte, weder während der Flucht noch bei unserem ersten Aufenthalt oder später, als man mir einen anderen Namen gab. Immer war Noemi an meiner Seite gewesen, und ich spürte, dass sie all das verstand, was ich mir nicht erklären konnte, dass sie die Entscheidungen für uns traf und dass ich mich ganz auf ihren Schutz verlassen konnte. Aber nun war plötzlich alles anders. Was sollte ich tun? Ich fühlte mich hintergangen, von allen verraten, und quälte mich wieder und wieder mit derselben Frage: Warum hatte man mich gefragt, ob ich in Alonim, und nicht, ob ich bei Noemi bleiben wolle? Und warum hatte ich mit Ja geantwortet? Auch später habe ich immer wieder über diesen Augenblick nachgedacht, und wenn ich irgendjemandem davon erzählte, erntete ich als Antwort immer nur ungläubige Blicke. Viele Jahre später unterhielt ich mich auch mit meiner *Metapelet* von Alonim darüber, und sie selbst meinte: »Wie hat man dir das bloß antun können?« Doch wenn ich heute an die Atmosphäre und die Probleme von damals zurückdenke, kann ich verstehen, wie es dazu kam: Die Verantwortlichen des Kibbuz sowie der zionistischen Organisationen waren Menschen, die mit knapper Not dem Holocaust entgangen waren, und sie waren zu jung und hatten einfach nicht geahnt, welch eine Tragödie die kleine Masal da erlebte. Aber in böser Absicht hatten sie nicht gehandelt.

Nachdem meine Schwester fort war, bemühte sich Moca,

der *Chawer*, mit dem ich Arabisch sprechen konnte, mich mit ruhiger, sicherer Stimme aus meiner Verzweiflung zu holen und erklärte mir endlich, warum man beschlossen hatte, dass ich in jenem Kibbuz bleiben sollte. Während vieler Tage waren seine Worte vollkommen wirkungslos: Ich weinte unablässig, wies jedes Essen zurück und redete nicht mehr, in keiner Sprache, mit niemandem.

V
Alonim

Vielleicht zwanzig Zelte und einige Holzbaracken, ein paar den Kindern vorbehaltene Backsteinbauten, der *Chadar Ha'ochel*, der Speisesaal, wo man aß und zusammensaß, die Wäscherei, der Wasserturm und der Schutzzaun: Mehr war Alonim nicht, als ich dort eintraf. Vom Hügel aus schweifte der Blick über das Emeq Israel, das Tal Israel, das sich seinen alten Glanz aus den Zeiten der biblischen Erzählungen bewahrt hatte. Durch das Tal führte die Straße, die Haifa mit Tiberias verband, und von dieser zweigte ein staubiger Feldweg ab, der durch die Weizenfelder bis zum höchsten Punkt hinaufführte, wo man unser Dorf errichtet hatte.

Das Land, auf dem sich der Kibbuz erhob, gehörte einst arabischen Großgrundbesitzern, den *Mufti,* und hatte dank der Gelder, die die internationalen jüdischen Organisationen gesammelt hatten, erworben werden können. Doch gab es strenge Vorschriften von Seiten der britischen Mandatsverwaltung, durch die eine Ausbreitung der jüdischen Siedlungen in Palästina verhindert werden sollte. Wie bei allen Kibbuzim, die in der Zeit der *Alija Bet* entstanden, der zweiten jüdischen Rückkehrerwelle ins Land ihrer Väter, war auch für den Bau von Alonim ein altes osmanisches Gesetz genutzt worden, das noch in Kraft war. Und zwar sah dieses vor, dass kein steinernes Gebäude wieder zerstört werden dürfe, das in einer Nacht erbaut wurde. So entstand Alonim. Tausende von Menschen aus dem ganzen Land, ausgerüstet mit Spitzhacken, Backsteinen, Zementmischmaschinen und allem, was sonst noch gebraucht wurde, strömten herbei, um der Gruppe junger Juden zu helfen, die aus Deutschland und Polen gekommen waren, um sich hier in den Hügeln, im Schatten der mächtigen Eichen, ein neues Leben aufzubauen.

In einer Nacht wurde so der Kern des neuen Kibbuz errichtet, die *Choma u migdal,* die Mauer und der Turm, die für lange Zeit die einzigen Gebäude aus Stein bleiben sollten. Die jungen »Gründerväter« waren beseelt von der Idee, einen unabhängigen israelischen Staat aufzubauen, aus dem sie niemand mehr vertreiben könnte und der gleichzeitig als neues Gesellschaftsmodell dienen sollte. Eine Gemeinschaft auf der Grundlage von Gleichheit und gegenseitiger Unterstützung, in die jeder das einbringen sollte, was er geben konnte, und das erhalten sollte, was er brauchte. Stolze Juden wollten sie sein, mutig und unabhängig, auf einem eigenen Stück Land, um das Leid der langen Diaspora vergessen zu lassen, als Juden erniedrigt, verfolgt und von Ort zu Ort vertrieben wurden. Wurzeln zu schlagen und eine tiefe Verbindung mit diesem Land einzugehen, dies schienen ihnen die Voraussetzungen, um das Leben, angefangen bei den elementarsten Dingen, wieder in die eigenen Hände nehmen zu können. Daher beschlossen sie, das Land zu bestellen, eine

Arbeit, die Juden in fast allen Ländern, in die es sie in den vielen Jahrhunderten verschlagen hatte, verboten war.

Nach diesen Grundsätzen erzogen sie ihre Kinder, damit aus ihnen einmal in jeder Hinsicht, sowohl körperlich als auch geistig, freie Frauen und Männer würden. In Israel geborene junge Menschen werden deswegen auch *Sabre* genannt, nach der Kaktusart, die außen zäh und stachlig ist, innen aber weich und süß.

Die Kibbuzkinder lebten alle zusammen im *Gan*, geliebt, verhätschelt und verwöhnt von ihren Eltern und den anderen *Chawerim*, die an ihnen beobachten konnten, wie ihre Hoffnungen für die Zukunft Gestalt annahmen. Das Leben im Kibbuz ähnelte jenem, das ich in Damaskus geführt hatte. Sicher im Innern, doch von außen bedroht. Und zwar auch hier durch Araber, die, angestiftet von den Muftis und der Nazipropaganda, ein Land für sich beanspruchten, das sie selbst für viel Geld verkauft hatten; und nur allzu häufig überfielen sie mit dem fanatischen Gebrüll »Werfen wir die Juden ins Meer zurück!« die neuen Siedlungen.

Nach der Trennung von meiner Schwester steckte man mich in die Gruppe, die ich bereits im Kindergarten kennen gelernt hatte. Tagsüber wurden wir zwar gut von den *Metaplot* betreut, aber nachts waren wir allein. Und dann überwältigte mich immer wieder die Angst. Um mir Mut zu machen, begann ich eines Abends, mit mir selbst Arabisch zu sprechen und arabische Lieder zu singen. Meine Kameraden lachten zunächst, doch irgendwann ließen sie sich, fasziniert von dieser fremden Sprache, darauf ein, die Worte nachzusprechen und mit mir gemeinsam zu singen. Ihr Lachen und ihr Bemühen, mir nahe zu sein, taten mir wohl, und ganz, ganz langsam schaffte ich es, mich weniger einsam zu fühlen und meine Ängste zu überwinden. So kam es, dass wir, um die Furcht zu vertreiben, jeden Abend arabische Weisen anstimmten.

Die freie Kibbuzerziehung stand in heftigem Gegensatz zu den Geboten, die ich von meiner streng religiös eingestellten Familie übernommen hatte. Im Sommer zum Beispiel war es hier üblich, die Kinder nackt mit Wasser und Sand spielen zu lassen. Ich war erschüttert, als ich dies zum ersten Mal sah, und als man mich dann auch noch ausziehen wollte, war es wieder einmal um meine Fassung geschehen. Was mir meine Mutter in Bezug auf Scham und Keuschheit beigebracht hatte, war so stark, dass ich das Ansinnen der Kindergärtnerinnen als direkten Angriff erlebte. Ich nahm Reißaus und versteckte mich, nackt und glühend vor Scham, im Gebüsch hinter dem Kindergarten. Da hockte ich nun, und wie die Stunden vergingen, spürte ich immer mehr, wie die Scham einer tiefen Niedergeschlagenheit Platz machte. Ich musste eine Entscheidung treffen: mich entweder weiter absondern oder anpassen, allein im Gebüsch hocken, auch auf die Gefahr hin, zu verhungern und zu verdursten, oder mich zu den anderen gesellen und so wie alle nackt im Sand spielen. Schließlich gewann mein Selbsterhaltungstrieb die Oberhand, und ich beschloss, meine Deckung zu verlassen: Vollkommen nackt mischte ich mich unter die anderen, um mit Wasser und Sand zu spielen, wobei ich sogar so etwas wie eine Befreiung verspürte. Von diesem Zeitpunkt an stellte ich mich, wenn es ging, den mir fremden Gewohnheiten und machte sie mir nach und nach zu eigen.

Um mir entgegenzukommen, beschlossen die Kinder meiner *Kwuza,* meiner Gruppe also, mir jeweils ein Spielzeug zu schenken. Von einer Kameradin bekam ich eine Puppe, deren Kopf lädiert, aber fachmännisch repariert worden war, ein Detail, das eine große Bedeutung für mich hatte und mir unvergesslich ist. Von diesem Tag an wurde die Puppe zum wichtigsten Gegenstand meines Lebens: Hingebungsvoll, so als sei sie ein lebendiges Wesen, kümmerte ich mich um sie und hatte sie immer bei mir, egal ob ich aß, spielte oder schlief. Vielleicht spürte ich eine Botschaft, die von dem reparierten Kopf der Puppe ausging, dass nämlich auch meine Wunden einmal heilen, meine Einsamkeit und Ängste sich eines Tages legen würden. Indem ich mich um die Puppe kümmerte, nahm ich mich auch ein wenig meiner selbst an.

Die Kibbuzordnung, die das Gemeinschaftsleben regelte, sah vor, dass die Kinder den größten Teil des Tages mit Gleichaltrigen verbrachten und nur für ein paar Stunden, wenn die Erwachsenen mit ihrer Arbeit fertig waren, zu ihren Eltern kamen. Ich selbst wurde einem Paar anvertraut, das bereits einen vierjährigen Sohn hatte. Der Vater stammte aus Deutschland, die Mutter aus Litauen. Von Anfang an gingen sie aufgeschlossen und liebevoll mit mir um, und es dauerte nicht lange, bis ich es ihnen mit strahlendem Lächeln dankte. Um es mir einfacher zu machen, beobachtete ich genau, was die Menschen um mich herum von mir erwarteten, und verhielt mich entsprechend. Man könnte auch sagen, ich versuchte mich einzuschmeicheln, aber ich spürte, dass dies der

Preis war, den ich zahlen musste, um in diese neue Welt Einlass und damit Liebe und Sicherheit zu finden. Allein schon die Vorstellung, ich könnte es mir mit den Kindergärtnerinnen oder den anderen Bewohnern von Alonim verscherzen, war mir unerträglich.

Dennoch sprach ich mit den Erwachsenen nie über meine Ängste. Obwohl sie mich umsorgten, konnte ich ihnen noch nicht voll und ganz vertrauen. Wenn ich abends meine Pflegefamilie verließ, um zum Schlafen in den Kindergarten zurückzukehren, sprang mich die Angst an, während ich den Pfad zwischen den Bäumen entlanglief, aber ich bat dennoch nie darum, begleitet zu werden. Ganz allein versuchte ich, mit der Situation zurechtzukommen, und lief so schnell ich konnte, umgeben von den Geräuschen der Nacht, dem Heulen der Schakale, dem Quaken der Frösche und dem Rascheln der Zweige im Wind, die durch meine blühende Fantasie nur noch Furcht erregender wurden. Mit aufgerissenen Augen starrte ich in die Finsternis, bemüht, irgendetwas zu erkennen, da ich fürchtete, jeden Moment könnte ein Araber mit gezücktem Dolch hinter einem Busch hervortreten, um mich zu töten. Eine Furcht, die mich viele Jahre lang nicht verließ.

Andererseits waren meine Ängste nicht nur eingebildet. Mehr und mehr wurde die Ruhe im Kibbuz durch die Vorzeichen des Krieges zwischen Arabern und Juden, der einige Jahre später ausbrechen sollte, gestört. Immer häufiger gab es Alarm, weil die Überfälle sich häuften. Nicht selten riss uns mitten in der Nacht die Alarmglocke aus dem Schlaf, und wir mussten zum Schutzbunker rennen, der direkt neben unserem Haus lag. Jedes Kind hatte seinen kleinen Rucksack griffbereit, fertig gepackt mit allem, was bei einem Notfall erforderlich war, die *Metaplot* halfen uns, ihn aufzusetzen, und dann rannten wir schon, unsere Lieblingspuppe an uns drückend, ins Freie Richtung Bunker hinaus.

Viele weinten verzweifelt, ich, Tune-Masal jedoch nicht: Ich hatte gelernt, wie ich mich im Notfall zu verhalten hatte, und ordnete mich ohne Sträuben ganz den Frauen unter, die uns mit ruhigen, entschlossenen Gesten in Sicherheit brachten. Aus der Ferne hörten wir das bedrohliche Explodieren von Granaten und klammerten uns verschreckt noch fester an unsere Betreuerinnen, bis endlich Stille in die nächtliche Dunkelheit zurückkehrte. Schließlich fielen wir wieder in tiefen Schlaf, in einem mit Wasserkanistern, Nahrungsmitteln, Hochbetten aus unbehandeltem Holz und sogar mit einigen Spielsachen ausgestatteten Schutzraum, in dem wir im Notfall auch einige Tage hätten ausharren können.

Die Kibbuzglocke, nicht mehr als ein Eisenring am Ast eines Baumes direkt beim *Chadar Ha'ochel*, war das Kommunikationsmittel für alle Anlässe des Gemeinschaftslebens. Sie wurde mit einem langen Stock angeschlagen und erzeugte einen lauten, durchdringenden Ton, der je nach Gelegenheit anders klang. Ein ruhiges, regelmäßiges Läuten verkündete, dass das Essen fertig war, ein schnelleres bedeutete, dass es irgendwo brannte. In einem solchen Notfall ließ jeder alles stehen und liegen und rannte mit Schaufel oder Eimer herbei, um das Feuer zu löschen. Bei bewaffneten Überfällen oder Bombardierungen wurde mit tiefen, langsamen Schlägen

Alarm gegeben, der lange anhielt, damit auch jene, die auf den weiter entfernten Feldern arbeiteten oder tief und fest schliefen, gewarnt wurden.

Die Monate gingen ins Land, und meine inneren Beklemmungen und äußeren Ängste wurden immer mehr von einem eingespielten Alltag überdeckt. Ich sprach nun ein wenig Arabisch, kannte mittlerweile die Menschen und Örtlichkeiten des Kibbuz und konnte mich auf meine neuen Beziehungen verlassen: Mit anderen Worten, ich lebte mich immer besser ein. Nur hinsichtlich des Essens waren noch nicht alle Widerstände überwunden, und so ernährte ich mich weiter nur mit den einfachsten Dingen, die ich so auftreiben konnte: Zuweilen saß ich stundenlang vor einem Teller *Borscht*, ohne auch nur einmal von dieser Suppe aus Rüben und saurer Sahne zu kosten, bis es die *Metapelet* irgendwann leid war und mich zu meinen Spielkameraden rennen ließ.

Dennoch zerriss mir die Sehnsucht nach meiner Mutter das Herz. Auch von meiner Schwester Noemi hatte ich nichts mehr gehört. Es war schwer, in Verbindung zu bleiben, denn es gab kein Telefon, und die Post funktionierte nicht. Jeden Morgen fragte ich, wann ich sie wiedersehen könne, und jedes Mal antwortete man mir, ich müsse weiter Geduld haben. Manchmal verlor ich die Hoffnung und sah vor mir nichts anderes als eine undurchdringliche Finsternis, doch dank einer unbewussten inneren Kraft gelang es mir immer wieder, mich zu fangen: Im Geiste unterhielt ich mich mit meiner Mutter, mit Großvater, mit meinem kleinen Bruder, versuchte, mir ihre Gesten vorzustellen, das, was sie gerade taten, sorgte mich um sie, um ihr Wohlergehen, um ihr Leben.

Mein Hebräisch wurde von Tag zu Tag besser, und auch das Verhältnis zu dem Ehepaar, das mich aufgenommen hatte, festigte sich weiter, so dass ich mich ein wenig mehr öffnen und auf ihre Fragen zu meinem noch kurzen Leben und zu meiner Familie antworten konnte. Arie und Haia waren meine Eltern im Kibbuz, ich habe sie geliebt und liebe sie auch heute noch. Viele schöne Momente habe ich mit ihnen erlebt: Wenn ich nachmittags zu ihnen kam, gab es immer irgendwelche Süßspeisen, wir spielten zusammen oder gingen spazieren – unspektakuläre Momente von Nähe, die aber sehr wichtig für mich waren, um ein wenig von jener Wärme zu finden, die im alltäglichen Gemeinschaftsleben im Kibbuz nicht selten verloren ging. Wie gerne wäre ich wie die anderen Kinder gewesen, die ihre leiblichen Eltern um sich hatten. Es war ein Mangel, unter dem ich sehr litt, besonders wenn ein Fremder mich fragte, wer ich sei, und meine Pflegeeltern antworteten: »Das ist Masal von Alonim«, so als gehörte ich allen. So richtig gehörte ich zu niemandem, das spürte ich, und in meinem tiefsten Innern wünschte ich mir, Arie und Haia würden antworten: »Das ist unsere Masal.« Wenn das tatsächlich einmal vorkam, war ich sehr glücklich.

Arie und Haia hatten Europa 1938 verlassen, gerade noch rechtzeitig, um sich vor den Judenverfolgungen der Nazis in Sicherheit zu bringen, und zählten zu den Gründern von Alonim. Es waren ordentliche, pflichtbewusste, gebildete, im Ausdruck ihrer Gefühle zurückhaltende Menschen. Mit anderen Worten, sie waren sehr *jekke,* wie die Juden deutscher

Abstammung genannt wurden. Ich musste lernen, ihre reservierte Art richtig einzuschätzen, die so ganz anders war als das, was ich kannte, doch ich spürte auch ihre Bereitschaft, mich und meine Welt zu akzeptieren und zu verstehen. Wenn die Sehnsucht nach der Nähe und den Liebkosungen meiner Mutter unerträglich wurde, kam es vor, dass ich in haltloses Weinen ausbrach und am ganzen Leibe bebte. Dann überwanden Arie und Haia ihre Zurückhaltung, streckten, ergriffen von meinem Kummer, die Hand aus, streichelten mir über den Kopf und murmelten liebevoll: »Nicht weinen, Kleine, nicht weinen.« Die Tränen flossen dann umso heftiger, nun nicht mehr nur vor Sehnsucht nach meiner Mutter, sondern auch vor Rührung und Dankbarkeit für die Liebe, die die beiden mir zeigten. Bei solchen Gelegenheiten habe ich gelernt, woran ich heute nicht selten auch meine Patienten erinnere: Sich vor anderen Menschen auszuweinen kann helfen, die Last der Einsamkeit besser zu ertragen.

Meine wahren Vertrauten blieben aber die anderen Kinder, die nachts mit mir sangen und mir von ihrem Spielzeug abgegeben hatten. Besonders mit Michal, dem Mädchen mit den hellblonden Locken, das mir die Puppe mit dem geflickten Kopf geschenkt hatte, war ich viel zusammen. Ich erzählte ihr von meiner Familie, vom Ghetto in Damaskus, der Armut, in der wir gelebt hatten, und ein ums andere Mal setzte ich hinzu, dass meine Mutter, meine Schwester Noemi und meine Brüder bald kommen würden, um mich abzuholen. Michal lauschte gebannt meinen Erzählungen, bedachte mich aber auch oft genug mit ungläubigen Blicken, daran zweifelnd, dass es eine so andere Welt überhaupt geben könnte, vor allem aber daran, dass ich tatsächlich eine Familie hätte, die darauf brannte, mich zu sich zu nehmen. Ihre Reaktion kümmerte mich nicht allzu sehr. Ich war mir ja vollkommen sicher, dass man mich nicht aus freien Stücken weggegeben hatte, sondern der Not gehorchend und um mein Leben zu retten. Kinder, die gewissermaßen freiwillig weggegeben werden, sind gewöhnlich voller Groll gegenüber ihren Eltern. Erstaunlicherweise jedoch kann ein Kind, dessen Eltern keine andere Wahl hatten, die tragische Entscheidung spüren und verstehen und daraus eine tiefe Gewissheit entwickeln, die ihm hilft, sich mit seinem Schicksal abzufinden.

Ganz deutlich erinnerte ich mich der Worte, die meine Mutter damals zu Noemi gesagt hatte: »Bring sie in Sicherheit«, und ebenso hütete ich in meinem Herzen das Bild, wie sie mich hochhob und meiner Schwester übergab. Sie hatte mich gehen lassen, um mich zu beschützen, und dieses Wissen half mir, sie weiterhin vorbehaltlos zu lieben.

Unterdessen hatte meine Schwester, nach einer Eingewöhnungszeit im neuen Kibbuz, damit begonnen, mir Briefe zu schreiben, die mir irgendjemand vorlas. Sie beteuerte, dass sie mich bald besuchen werde und dass auch Mama eines Tages käme. Ich verlor nie die Hoffnung, dass sich dies tatsächlich bewahrheiten und unsere Familie eines Tages wieder vereint sein würde. Es war mein Rettungsanker in den Momenten, wenn ich verzweifelte und den Mut verlor. Mit Michal sprach ich häufig über diese Hoffnung und bezog die Freundin auch in mein Warten mit ein, in der Überzeugung, wir müssten nur täglich die Zufahrtsstraße zum Kibbuz beobachten, um das Eintreffen meiner Mutter zu beschleunigen.

Und so liefen Michal und ich, sobald wir Zeit hatten, zu einer Wiese oben auf dem Hügel, setzten uns ins Gras, um zu warten; wir unterhielten uns, ohne die Straße zum Kibbuz auch nur einen Moment aus den Augen zu lassen. Jedes Pünktchen, das in der Ferne auftauchte, ließ mein Herz höher schlagen. Irgendwann hatte Michal genug von diesen Ausflügen, und so ersetzte ich sie kurzerhand durch eine neue Freundin, Ruthie. Unerschütterlich in meiner Überzeugung, erklärte ich auch ihr immer wieder, was ich bereits Michal so oft gesagt hatte: »Du wirst sehen, wenn wir hier warten, wird meine Mutter irgendwann kommen.« Und so wartete ich, Monat um Monat, ohne je die Hoffnung zu verlieren.

Und eines Tages, es war ein strahlender Spätwintertag, war meine Mutter wie durch ein Wunder plötzlich da, wanderte mit meinem jüngsten Bruder Rafi an der Hand die Schotterstraße hinauf. Eine Flut von Gefühlen überwältigte mich. Während wir uns in den Armen lagen, brachten wir kein Wort heraus, wir lachten und weinten nur, sie drückte mich ganz fest an sich und küsste mich, streckte dann, ohne mich loszulassen, die Arme aus, betrachtete mich lange und murmelte immer wieder: »Bist du groß geworden, Tune, und so schön!« Dann schloss sie mich wieder in die Arme und drückte mich noch fester an ihr Herz. Nur sie redete, überschüttete mich mit tausend Fragen, wollte wissen, ob ich genug äße, ob man sich auch gut um mich kümmerte, ob mir jemand wehgetan hätte. Ich antwortete nur mit Kopfbewegungen, »ja, ja, nein«, und wünschte mir, dass dieser Augenblick nie vergehen würde, während meine Mutter mir tief in die Augen blickte, um zu ergründen, ob ich ihr die Wahrheit sagte. Da ich so stumm blieb, legte sie einen Moment besorgt die Stirn in Falten, dann umarmte sie mich erneut. Ich spürte, dass ich etwas sagen musste, und die ersten Worte, die ich herausbekam, waren hebräisch: »*Tov, tov*«, »gut, gut.« Sie blickte mich verwundert an: »Sprichst du kein Arabisch mehr?«

Mein kleiner Bruder, der damals drei Jahre alt war, wohnte der Szene bei. Auch ihm mussten viele Fragen durch den Kopf gehen: »Woher kommt bloß jetzt diese Schwester? Warum küsst Mama sie so? Warum weint sie?« Mittlerweile hatte er begonnen, meine Mutter ungeduldig am Kleid zu ziehen, um sie daran zu erinnern, dass er auch noch da war. Ich schenkte ihm keine Beachtung. Ich wollte meine Mama ganz für mich allein: So lange hatte ich gewartet, nun konnte er sich auch ein wenig gedulden.

Sobald sich der Sturm der Gefühle ein wenig gelegt hatte, nahm ich meine Mutter bei der Hand, um sie durch den Kibbuz zu führen und allen zu präsentieren. Meinen Lehrern, meinen Freundinnen, den *Metaplot*. Alles sollte sie sehen, jeden Menschen kennen lernen, sollte spüren, wie gut versorgt und sicher ich hier lebte, mit welcher Selbstsicherheit ich mich in meiner neuen Welt bewegte. Zwei Tage lang trennte ich mich nicht einen Augenblick von ihr, nur nachts musste ich zum Schlafen in meine Unterkunft zu den anderen Kindern zurückkehren. Unterdessen hatte ich auch eine Nähe zu

Rafi entwickelt, und ich bestand darauf, dass er und meine Mutter von den guten Dingen essen sollten, über die wir hier verfügten, Honig, Obst oder Gemüse, die im Kibbuz selbst geschleudert und geerntet wurden, und sorgfältig wählte ich die besten Leckerbissen für sie aus, glücklich, ihnen von allem anbieten zu können, was ich hier genoss. Noch heute ergeht es mir so. Ich freue mich immer, alles, was mir etwas bedeutet, sei es materiell oder spirituell, mit den Menschen, die ich liebe, teilen zu können.

Nach und nach erfuhr ich von meiner Mutter, was in den langen Monaten, die wir auseinander gerissen waren, geschehen war. Die Lage in Syrien war so bedrohlich geworden, dass die im Untergrund operierenden jüdischen Organisationen beschlossen hatten, auch Frauen, Kinder und alte Leute aufbrechen zu lassen, trotz des hohen Risikos, von syrischen Soldaten oder, jenseits der Grenze, von den Engländern aufgegriffen zu werden. Und in der Tat war die Gruppe, mit der sich meine Mutter, Shifra und Rafi auf den Weg gemacht hatten, von den Syrern entdeckt und festgehalten worden. Man nahm ihnen alles ab, was sie mit sich führten, Geld, Papiere, persönliche Dinge, und hielt sie einige Wochen gefangen, bis es dem Internationalen Roten Kreuz gelang, sie freizukaufen und nach Palästina einreisen zu lassen. Hier hatten sie sich unter die gewaltigen Einwandererströme gemischt, die weiterhin aus Europa und den arabischen Staaten ins Land strömten. Ihre und unsere größte Sorge waren nun die Großeltern, die in Damaskus geblieben waren. Von meinem Vater hatten wir keinerlei Nachricht.

Erst lange Zeit später erfuhren wir, dass er gegen Ende des Jahres 1945 verhaftet und wegen angeblicher Spionage für zionistische Organisationen angeklagt wurde. Da er in Bagdad geboren war, schob man ihn in den Irak ab, wo er verurteilt wurde und lange in Haft blieb. Im Zuge eines Gefangenenaustauschs zwischen Irak und Israel kam er nach fünf Jahren frei.

VI
Der Aufstand

Bald überschlugen sich die Ereignisse in Palästina. Der Zustrom jüdischer Flüchtlinge, die die Konzentrationslager und Verfolgungen überlebt hatten und nun illegal ins Land einwanderten, war viel zu stark geworden, um noch von der britischen Mandatsverwaltung kontrolliert zu werden. Gleichzeitig waren unter dem Druck, sich zu verteidigen, auf jüdischer Seite die ersten militärischen Organisationen entstanden: *Hagana, Palmach, Irgun* oder *Lehi.* Sie operierten illegal gegen verschiedene Gegner, da sie die jüdischen Siedlungen sowohl gegen englische Schikanen als auch gegen die immer bedrohlicher werdenden arabischen Überfälle zu schützen hatten. Der Kampf um die Unabhängigkeit lag in der Luft. Die Vorzeichen waren nicht zu übersehen, sowohl im Land selbst, wo man sich auf eine militärische Auseinandersetzung vorbereitete, als auch auf internationaler Ebene, wo man in der neu gegründeten UNO Verhandlungen über die Schaffung eines jüdischen Staates aufgenommen hatte.

Das Flüchtlingsproblem erschöpfte sich nicht darin, auf irgendeine Weise die Einreise nach Palästina zu schaffen, wie die dramatischen Ereignisse um das Schiff »Exodus« im Jahr

1947 eindringlich zeigen sollten. Materielle Hilfe zu leisten für diese heterogenen, vielsprachigen Menschenmassen, die gezeichnet waren von allen nur erdenklichen Strapazen und Schicksalsschlägen, erforderte ein Höchstmaß an Mut und Geschick und mobilisierte alle jüdischen Organisationen der Welt im Versuch, die dringend benötigten finanziellen Mittel auch zum Kauf von Waffen zur Verteidigung bereitzustellen.

Meiner Mutter wurde eine winzige Unterkunft in der Nähe des Marktes von Tel Aviv zugewiesen, ein kleiner Ladenraum von nur wenigen Quadratmetern, dessen Eingangstür direkt auf die Straße ging. Sie konnte darin lediglich drei Betten unterbringen, darunter verstaute sie Lebensmittel, Kleider und ein paar Töpfe. Das Leben spielte sich auf der Straße ab, wo alle Flüchtlingsfamilien zusammenkamen: Kochen im Freien auf Petroleumkochern, ein einziger Abort in einer Ecke des Marktes für zehn Personen, Geschrei, Zank, Verzweiflung als tägliches Brot. Man trauerte um Angehörige, von deren Tod man erfahren hatte, sorgte sich um andere, die in höchster Gefahr schwebten, und hatte keine Möglichkeit, sich auch nur einen Augenblick zurückzuziehen oder ein Minimum an häuslichem Frieden zu finden.

Meine Mutter richtete sich so gut es ging mit meinem Bruder Rafi und meiner Schwester Shifra dort ein. Shifra war auf Grund einer Hautkrankheit, unter der sie von Geburt an litt, bei ihr geblieben. Kaum angekommen, machte sich meine Mutter daran, sich nach ihren vier Kindern, die bereits im Land lebten, umzuhören. Es wurde eine ermüdende Pilgerreise von Stadtviertel zu Stadtviertel, von Behörde zu Behörde, eine Suche, die noch zusätzlich erschwert wurde durch Sprachschwierigkeiten sowie durch die Tatsache, dass wir fast alle andere Namen bekommen hatten.

Jeden Morgen zog meine Mutter voller Hoffnung los und machte sich abends niedergeschlagen auf den Heimweg in ihre erbärmliche Behausung, wo sie sich nur noch todmüde, vor Verzweiflung weinend, auf ein Lager werfen konnte. Eine allein stehende Frau mit zwei kleinen Kindern, die sie überallhin mitschleppen musste, die nur Arabisch sprach und weder lesen noch schreiben konnte, bewegte sich wie ein Gespenst in einem Land, in dem Zehntausende genau wie sie alles daransetzten, ihre überallhin verstreuten Familienmitglieder wieder zusammenzubringen, Überlebende aufzuspüren und die unheilbaren Wunden wenigstens zu verbinden. In dieser spannungsgeladenen Atmosphäre war es umso dringlicher, Wurzeln zu schlagen und auch diejenigen zu bewaffnen, die gerade erst in der neuen Heimat eingetroffen waren. Jeder sollte zur Verteidigung gegen die Feinde bereit sein, seien es nun Araber oder Engländer. Die jüdischen Organisationen, die mittlerweile so etwas wie einen Staat im Staate darstellten, hatten sich mit Tausenden von Problemen auseinander zu setzen, Tausenden von Notfällen zu begegnen, doch ihr Standpunkt blieb, was immer auch geschah, unverändert pragmatisch: Jeder, der es nach Palästina geschafft hatte, musste in Sicherheit sein, alles andere würde sich mit der Zeit lösen lassen.

Zum Glück hatte meine Schwester Noemi ihren Namen, der bereits hebräisch war, nicht ändern müssen. Und so konnte meine Mutter ihren Aufenthaltsort herausfinden und Verbindung mit ihr aufnehmen. Noemi lebte im Kibbuz Ascidot Yacov im Kineret-Tal, und über Noemi erfuhr meine Mutter auch von mir und konnte mich endlich in Alonim wieder in die Arme schließen.

Doch unsere Wiedersehensfreude währte nur kurz. Meine Mutter musste nach Tel Aviv zurück: Mit einfachen Worten versuchte sie mir klar zu machen, dass sie sich um Rafi und Shifra kümmern müsse, dass sie allein sei, keine Unterstützung habe und mit wenig Geld in einer winzigen Unterkunft in der Stadt lebe. Es sei besser für mich, wenn ich bliebe, wo ich gut aufgehoben sei. An ihre Worte kann ich mich nicht mehr genau erinnern, ich weiß nur noch, dass sie immer wieder sagte, wie gut ich es hätte. Mir fehle es weder an Essen noch an Kleidung, und ich wüchse an einem schönen Ort mit netten Leuten auf.

Arie, der mittlerweile auch mein Lehrer geworden war, setzte mir später noch einmal ganz geduldig die Situation auseinander und versicherte, dass meine Mutter mich bald wieder besuchen würde. In Wirklichkeit waren ihre Besuche aber eher selten, und mit jedem Abschied von ihr begann ich bereits auf das Wiedersehen zu warten, an einem unbestimmten Tag, bis zu dem die Zeit jedes Mal stillzustehen schien. Wie habe ich geweint, gelitten, mich gesehnt während dieses unablässigen Wartens.

In den folgenden Monaten sah ich auch meine Brüder Moshe und Eli wieder. Meine Mutter hatte sie ausfindig gemacht, indem sie die Wege syrischer Jugendgruppen in Palästina nachverfolgte. Ich erhielt die Erlaubnis, in der brüderlichen Obhut nun selbst zu meiner Familie in der Stadt zu gehen. In dem winzigen Ladenraum lebten inzwischen auch meine Großeltern, die man auf dem Weg an der Grenze festgehalten, ihrer Habe beraubt und dann gegen ein Lösegeld wieder freigelassen hatte. Endlich war unsere Familie wieder fast vereint. Sie lebte von Unterstützung, doch unsere Mutter fand auch immer irgendwelche Arbeiten wie Putzen oder Ähnliches, um die Familie über Wasser zu halten. Auch Großvater versuchte zum Lebensunterhalt beizutragen, und da er für eine reguläre Arbeitsstelle zu alt war, machte er Hausbesuche, um für Kranke zu beten oder den *Kaddisch* für die Verstorbenen zu sprechen. Dafür erhielt er ein paar Münzen oder vielleicht auch etwas Kuchen, den er dann für Großmutter und die Jüngsten unserer Familie aufhob. Die ganze Liebe und Zuneigung, die meine Großeltern verband, kam gerade in solch kleinen Gesten zum Ausdruck: Großvater trat zu seiner blinden Frau und legte ihr, ohne dass jemand von uns gewagt hätte, Einwände zu erheben, das erste Stück in die Hand, und Großmutter erwiderte die Geste mit einem Lächeln, während ihre Hände über das Mitbringsel strichen und seine Hände suchten, um sie dankbar zu küssen.

Nun, da eine gewisse Normalität bei uns eingekehrt war, konnten wir auch wieder mit ihr spielen, wie wir es von früher gewohnt waren. So setzten wir uns zum Beispiel zu ihr und forderten sie nacheinander auf, an unseren Gesichtern zu ertasten, wer wir seien. Um sie hinters Licht zu führen, sagte ich dann vielleicht, ich sei Shifra, meine größere Schwester, doch da lachte sie nur und antwortete mit listiger

Miene: »Nein, nein …, du bist Tune!« Und ich war glücklich, dass sie mich jedes Mal erkannte.

Meine älteren Brüder waren auf verschiedene Kibbuzim verteilt worden, doch fiel es ihnen schwer, sich an das Gemeinschaftsleben zu gewöhnen. Sie wollten lieber in die Stadt ziehen, um sich dort eine Arbeit zu suchen und auf diese Weise meine Mutter zu entlasten. Ich war überzeugt, dass mich meine Mutter, trotz der finanziellen Schwierigkeiten und der Enge in dem Räumchen, bei sich behalten hätte, wenn ich nur darauf bestanden hätte. Doch mir war klar, dass ich eine zusätzliche Belastung für sie gewesen wäre. Also blieb ich in Alonim, und wenn ich auch weiterhin unter der Situation litt, empfand ich sie weniger bedrückend als in den langen Monaten zuvor, als ich überhaupt nichts von meiner Familie wusste. Immer besser fügte ich mich jetzt in das Kibbuzleben ein, während sich gleichzeitig auch meine Mutter mit den schweren Bedingungen einzurichten begann. Ihre Hauptsorge war es, die Verbindung zu ihren überall im Land verstreuten Kindern aufrechtzuerhalten. Wenn sie mich nicht selbst besuchen konnte, schickte sie meine größeren Brüder zu mir und gab ihnen selbst gebackenen Kuchen, den berühmten mit Sesamkernen bedeckten *cake,* in einem sorgfältig verschnürten Schuhkarton mit. Wenn meine Brüder eintrafen, suchten wir uns sogleich einen ruhigen Ort, irgendwo unter den Bäumen, weit entfernt von den Blicken der anderen, und gaben uns der Freude des Wiedersehens hin. Wir plauderten, aßen von dem Kuchen, und ich atmete tief die Luft von zu Hause ein. Es war wie eine Pause, in der ich neue Kraft tankte, um mich dann wieder in das Gemeinschaftsleben des Kibbuz zu stürzen.

Ich war acht oder neun Jahre alt, als ich unter der sozialen Herkunft meiner Mutter zu leiden begann. Immer wenn sie mich, was selten vorkam, im Kibbuz besuchte, wurde ich von einem Sturm widerstreitender Gefühle erfasst, einerseits der Freude, sie bei mir zu haben, und andererseits der Verlegenheit, die mir ihre plumpen, zerschlissenen Kleider bereiteten, ihre vom Rheuma und von der Überbeanspruchung geschwollenen Hände, ihre offensichtliche Unfähigkeit, Hebräisch zu lernen. Sie war wirklich ganz anders als die Erwachsenen in Alonim, die meine neuen Bezugspunkte geworden waren. Wenn wir den *Chadar Ha'ochel* betraten, spürte ich, wie wir von allen Seiten beobachtet wurden, sodass ich irgendwann beschloss, mit ihr auf meinem Zimmer zu essen, um sie vor der Neugier der anderen *Chawerim* zu verschonen.

Wenn ich mir heute diese Gefühle in Erinnerung rufe, empfinde ich immer noch Schmerz und Scham, aber gleichzeitig weiß ich, dass ich mich dazu bekennen muss, nicht zuletzt deshalb, um dieser Frau, die mein Leben so entscheidend geprägt hat, Gerechtigkeit widerfahren zu lassen. Ich war schon um die Dreißig, als ich zu verstehen begann, dass ich ihr doch in vielem nachgeschlagen bin. Sie ging vollkommen darin auf, für andere Menschen zu sorgen, und ganz ähnlich war es später bei mir, wenn auch mit anderen Mitteln und vor einem anderen kulturellen Hintergrund. Schließlich verstand ich mit der Zeit auch, dass das Anderssein ein Ansporn sein kann, die ganze Fülle der inneren Anlagen zum Tragen zu bringen. So konnte ich zum Beispiel, indem ich sowohl meinen Gefühlen als auch meinem Verstand Gehör schenkte, wichtige Entscheidungen von Mal zu Mal mit größerer Bestimmtheit treffen. Meine Mutter hatte sich mit tief greifenden Veränderungen in ihrem sozialen und kulturellen Umfeld auseinander zu setzen, und dasselbe wurde mir abverlangt. Vielleicht haben auch meine eigenen Kinder, als sie noch kleiner waren, unter meiner Andersartigkeit gelitten: Ich sprach schlecht Italienisch, kleidete mich ungewohnt und war in keiner Beziehung angepasst, kurz, ich war wirklich meilenweit vom traditionellen Bild einer italienischen Mutter im blauen Kostüm und der Perlenkette um den Hals entfernt.

Jedenfalls erlebte ich jetzt im Kibbuz eine Zeit, da ich mich hin und her gerissen fühlte. Ich wohnte mit den anderen Kindern zusammen, besuchte die Schule, verbrachte Zeit mit der Familie von Arie und Haia, und nach außen hin schien alles in bester Ordnung, doch ich dachte in einem fort an meine Mutter, an ihre Sorgen, an die ärmlichen Verhältnisse, in denen sie leben musste, und ich litt entsetzlich, fühlte mich fast schuldig wegen des relativen Wohlstands, den ich genießen durfte. Immer wieder schweiften meine Gedanken ab, auch beim Lernen fiel es mir schwer, mich zu konzentrieren, was zur Folge hatte, dass meine Noten recht mittelmäßig waren. Allein meiner Freundin Ruthie erzählte ich, was mich bewegte, und sie nahm so intensiv an meinen Sorgen teil, dass sie mir, wenn ich Vorbereitungen zu einer Fahrt nach Hause traf, dabei half, ein wenig Obst, ein paar Tomaten oder andere Lebensmittel zusammenzuklauben, um sie in die Stadt mitzunehmen, wo Nahrungsmittel knapp waren und schwer aufzutreiben – ein Vorbote des Krieges, dessen Nähe wir immer mehr spürten.

Meiner Pflegefamilie gegenüber bewegten mich widersprüchliche Gefühle. Ihre natürliche Zurückhaltung, das Fehlen körperlicher Nähe mit Liebkosungen und Küssen in unserer Beziehung, hatten immer verhindert, dass ich mich ihnen voll und ganz öffnete. Viele ihrer Verhaltensweisen blieben mir rätselhaft und unverständlich. Manchmal beobachtete ich ganz bewusst, wie sie das Familienleben gestalteten, wie sie mit ihrem Sohn spielten, wie sie miteinander umgingen, und immer blieb ich äußerst vorsichtig, wenn es darum ging, ihnen mein Vertrauen zu schenken.

Das Leben im Kibbuz brachte mir auch Momente intensiven Glücks. Ich spürte, wie schön es war, immer im Freien in engem Kontakt mit der Natur zu sein, in einer Atmosphäre zu leben, die geprägt war von außergewöhnlicher Freiheit und gegenseitiger Achtung, in die auch wir Kinder einbezogen waren. Es kam vor, dass der Alltag mit seiner Arbeit und seinen Verpflichtungen jäh unterbrochen wurde, sei es, um einem Notfall zu begegnen, sei es, um eine Gelegenheit beim Schopfe zu packen, miteinander zu lachen und sich zu vergnügen. Einmal zum Beispiel, es war zu Beginn des Sommers, waren einige Männer damit beschäftigt, eine Grube für den Bau eines unterirdischen Bunkers auszuheben, und dabei passierte es. Ein Wasserrohr platzte, und im Nu füllte sich die große Grube mit Wasser und verwandelte sich in ein Schwimmbecken. Für uns Kinder war es ein Traum. Wir stürzten uns hinein, plantschten und tollten darin herum und beschmierten uns schließlich am ganzen Körper mit Schlamm, so als wären wir Krieger eines Eingeborenenstammes. Unter den verständnisvollen Blicken der Erwachsenen rannten wir dann übermütig durch unser Dorf und ließen den Kibbuz von ohrenbetäubendem Kriegsgeschrei erbeben.

Das Leben in Alonim war stark vom Wechsel der Jahreszeiten geprägt. Nach dem regnerischen, tristen Winter ging das freudige Erwachen des Frühlings jedem ins Blut, überall im Tal blühten die Pfirsich- und Mandelbäume mit ihrem zarten Rosa und strahlenden Weiß, auf den Weizenfeldern tanzten Kornblumen und Mohn, bei den Felsen versteckten sich die Alpenveilchen. Der wilde Duft der Narzissen berauschte die Sinne. Veilchen und Anemonen vervollständigten die prachtvolle Palette der Natur. Das Gezwitscher der Vögel unterlegte das Bild mit Musik, weckte die Lebensgeister und begleitete uns, wenn wir in den Wald zogen, um Blumen und Gräser zu pflücken, mit denen wir unsere Zimmer schmückten. Ich kannte alle Bäume, jedes Tier, jede Blume. Manchmal war ich so glücklich, dass ich es am liebsten laut hinausgeschrien hätte, um alle Welt daran teilhaben zu lassen, und diese tiefen Empfindungen habe ich nie mehr verloren, sie wurden ein Teil von mir.

Im Sommer waren alle *Chawerim* bei der Getreideernte eingespannt, und ohne Überstunden war die Arbeit nicht zu schaffen. Bei diesem allgemeinen Eifer wollten auch wir Kinder von neun, zehn Jahren nicht zurückstehen und nutzten die Gelegenheit, um aus den Umständen neue Spiele zu entwickeln. Flink kletterten wir auf den Turm hinauf, der als Getreidesilo diente, zugleich aber das Wahrzeichen des Kibbuz war, und ließen uns dann in den Berg von Getreidekörnern fallen, die zu allen Seiten aufgeschaufelt waren, um später in den Silo gefüllt zu werden. Wir waren unersättlich, kletterten Dutzende Male hinauf und ließen uns fallen, um von diesem unendlich weiten, weichen Körnermeer aufgenommen zu werden, das jäh mit riesigen Wellen über uns zusammenschlug.

Die Kinder hatten ihren besonderen Platz im Leben der Gemeinschaft, und ihr Alltag war auf ganz selbstverständliche Weise mit dem der Erwachsenen verflochten, ähnlich wie ich es als Kleinkind im Ghetto von Damaskus erlebt hatte. Sobald wir Zeit hatten, machten wir uns auf die Suche nach neuen Erfahrungen und nutzten dabei alles, was dieser Ort uns bieten konnte: Zwar gab es keine Fahrräder, aber dafür durften wir so lange, wie wir nur wollten, auf Eseln reiten, über Stock und Stein, den felsigen Hügel hinauf und hinunter, wobei wir anfangs alle Mühe hatten, nicht herunterzufallen und die vielen Hindernisse zu meistern.

Auch ein Winter ist mir unvergesslich geblieben. Eines Nachts begann es zu schneien, auf Erde und Bäume sanken die weißen Flocken nieder und dämpften die gewohnten Geräusche von Mensch und Natur. Während wir Kinder ahnungslos schliefen, zimmerten die Erwachsenen in aller Eile ein paar einfache Schlitten zusammen und rodelten dann selig, scherzend und lachend, im Mondschein den Hügel hinunter, tauchten noch einmal ein in eine andere Zeit, in ein anderes Leben, und ließen für ein paar Stunden die Erinnerungen an ihre Kindheit in Europa wiederaufleben.

Als wir am Morgen aufwachten, bot sich unseren Augen ein unvorstellbares Bild. Ein halber Meter Schlagsahne hatte sich über Feld und Flur gelegt. Doch nicht lange gaben wir uns am Fenster stehend diesem blendenden Szenario hin, schon rannten wir wie wahnsinnig vor Freude hinaus und machten uns daran, von dem frischen Schnee zu kosten. Bald entdeckten auch wir den Spaß am Schlittenfahren, und unzählige Male ging es den Hügel rauf und runter. Oder wir bauten Schneemänner, die wir, frech, wie wir in diesem Alter nun mal waren, mit den intimsten Kennzeichen männlicher und weiblicher Körperteile versahen, und erklärten dann kichernd, sie seien verliebt. Eine Woche lang brachte der weiße Wintereinbruch unseren Alltag durcheinander: keine Pflichten, keine Schule, nur eine schneeweiße Glückseligkeit!

Als ich viele Jahre später in Italien einen weißen Winter erlebte, überkamen mich die gleiche Freude und das gleiche kindliche Staunen, eine wertvolle Gabe, die es mir auch heute noch ermöglicht, dem Leben neugierig und aufgeschlossen zu begegnen und mich noch an den unscheinbarsten Dingen zu freuen.

Nachdem ich die anfangs so tief sitzende Scham vor der Nacktheit überwunden und meine Hemmungen verloren hatte, genoss ich es geradezu, nackt herumzulaufen. Es war herrlich, den eigenen Körper zu spüren, sich eins zu fühlen mit ihm und sich an diesem Gefühl zu berauschen. In den Sommermonaten kannte die Glückseligkeit keine Grenzen, und umso beengter fühlten wir uns dann im Herbst und Winter, wenn wir Schuhe und Kleider tragen mussten, eingesperrt wie in einem Gefängnis. Ungeduldig warteten wir auf die Rückkehr der schönen Jahreszeit, und dann, eines Morgens, wenn die Sonne schon die Luft erwärmte, bekamen wir endlich die Erlaubnis, unsere Schuhe auszuziehen. Welch ein intensives Gefühl, die frische Erde an den kleinen nackten Füßen zu spüren! Wir tobten über die Wiesen und Pfade des Kibbuz, barfuß, getragen von einer unbändigen Fröhlichkeit, die alle ansteckte.

An solch einem herrlichen Frühlingstag war es auch, als wir, erfüllt von überschäumender Freude, eine Hymne an die Sonne erfanden, so als wären wir Angehörige eines Naturvolks: Die Arme zum Himmel gereckt, tanzten wir im Kreis und sangen dazu: »Wie schön bist du, o Sonne! Wie schön bist du, o Sonne! Wie schön bist du, o Sonne!« In solchen Momenten fügten sich die beiden Seiten Masals, die traurige und die fröhliche, wieder zu einem Ganzen zusammen.

Die Anspannung, die ich trotz allem weiter in mir trug, machte sich eines Tages in einer Krise Luft: Ich hielt es nicht mehr aus, ich wollte zu meiner Mutter, wollte nicht mehr vernünftig sein und beschloss, dem Kibbuz den Rücken zu kehren. Verzweifelt überlegte ich, wie solch eine Flucht zu bewerkstelligen wäre, obwohl ich eigentlich genau wusste, dass einige Hindernisse geradezu unüberwindlich sein würden. Ich hatte kein Geld, die Stadt war weit, und auch wenn ich Tel Aviv erreichte, wie sollte ich mich dort orientieren und die Straße finden, in der meine Familie wohnte. Je genauer ich mir den Ausbruch ausmalte, desto aussichtsloser kam mir das Unternehmen vor. Irgendwann glaubte ich, die einzig realisierbare Lösung gefunden zu haben, und schrieb nach Hause, dass man mich holen solle. Meinem Pflegevater Arie war aufgefallen, dass meine Stimmung seit Tagen gedrückt war: Eines Nachmittags nahm er mich zur Seite und fragte, was denn los sei. Da brachen bei mir alle Dämme, und ich schrie aus Leibeskräften: »Ich halt's nicht mehr aus! Ich will zu meiner Mama! Ich will weg von hier!« Arie nahm mich in die Arme, hielt mich lange ganz fest und verstand es, mich mit den richtigen Worten ein wenig zur Vernunft zu bringen. Wie er so auf diese Weise neben mir saß und an meinem Kummer teilnahm, fühlte ich, dass er wirklich ganz bei mir war, warmherzig und väterlich. So als wollte ich nun mit einem Mal restlos alles ablegen, was mich bedrückte, öffnete ich ihm mein Herz und ließ meinem Kummer freien Lauf: Ohne Atem zu holen, erzählte ich ihm von meinen Ängsten um meine Mutter und meine jüngeren Geschwister, von den Gedanken, die unablässig um sie kreisten, von der Sehnsucht, die mich jede Nacht heimsuchte. Aus diesen Gründen war ich auch weiter fest entschlossen: Ich wollte nach Hause, für immer. Arie wusste von den schwierigen Verhältnissen, in denen meine Familie lebte, und so erklärte er mir eindringlich und ruhig, dass jeder Mensch starke, berechtigte Wünsche habe, die er erfüllt sehen möchte. Doch leider sei das nicht immer möglich. Zu unserem eigenen Besten müsse man stets, bevor man eine Entscheidung treffe, genau abwägen, was machbar sei und was nicht. Dann führte er mir die Situation genau vor Augen, ohne dabei meine Gefühle zu übergehen: Die Ladenwohnung, in der meine Angehörigen lebten, war jetzt schon viel zu klein, es würde an Geld fehlen, um auch nur meine wichtigsten täglichen Bedürfnisse wie Essen, Kleidung, Schule zu befriedigen. Kurz, mein Vorhaben würde unüberwindliche Probleme mit sich bringen, vor allem für meine Mutter. Seine vernünftigen Erklärungen überzeugten mich schließlich, auch wenn ich im Grunde meines Herzens zu wissen glaubte, dass meine Mutter mich bei sich aufgenommen hätte. In ihrem eigenen Bett wäre sicher noch ein Platz für mich gewesen.

Wir einigten uns auf einen Kompromiss: In den nächsten Ferien sollte ich mit meinem Bruder nach Tel Aviv fahren, um eine Zeit lang dort zu bleiben. Aber danach sollte ich in den Kibbuz zurückkehren und hier weiter zur Schule gehen.

Diese Ferien sollten eine fundamentale Erfahrung für mich werden, öffneten sie mir doch die Augen darüber, wie bedrückend die Armut und das Chaos waren, in denen die Flüchtlinge in ihren winzigen Unterkünften, die man ihnen zugewiesen hatte, leben mussten. Einige wenige Tage verbrachten wir alle zusammen in der engen Ladenwohnung, meine Mutter, die Großeltern, meine Brüder und Schwestern. Fast vier Jahre waren seit jener Nacht vergangen, in der ich Hals über Kopf unser Haus in *Haret il Yeud* verlassen hatte, und nun war ich in der Lage, mit klarerem Blick meine Mutter und unser Familienleben zu betrachten. Niemals beschwerte sie sich über die schwierigen Verhältnisse, in denen wir lebten, und zeigte darin ihre einfache, aber unumstößliche Lebensauffassung: Das Schicksal eines jeden Menschen liegt in Gottes Hand, und ihre Aufgabe war es, ihre Kinder mit dem Lebensnotwendigsten zu versorgen, also mit Nahrung, einigen wenigen Kleidern, Verständnis für Sauberkeit und die religiösen Gebote. Erstaunt beobachtete ich, wie sie hin und wieder einem Nachbarn, einem einsamen Witwer, etwas von unserem Mittagessen, einen Kaffee oder ein Stück Kuchen brachte, die sie von unseren Vorräten abgezweigt hatte. Aber sie erklärte nur dazu: »Das ist eine *mizwa*«, eine gute Tat, eine Befolgung der Gebote Gottes. Für sich selbst verlangte sie nichts, und abgesehen vom Sabbat sah ich sie sehr selten eine ganz Mahlzeit zu sich nehmen. Meistens begnügte sie sich mit einer Tasse Tee und einem Stück Brot.

Je besser ich mich an das Leben im Kibbuz und später an das des neuen Staates Israel anpasste, desto klarer wurde mir, wie schwer es ihr fallen musste, sich in diese Welt, die so anders war als die, die sie hinter sich gelassen hatte, einzufügen, die neue Sprache, neue Gebräuche zu lernen und anzunehmen. Einigermaßen sicher bewegte sie sich nur in ihrem Viertel, dessen Bewohner zum größten Teil aus arabischen Ländern kamen und weiterhin ihre Sprache pflegten. Mein Arabisch hingegen wurde immer schlechter, und es gab mir jedes Mal einen Stich ins Herz, wenn ich spürte, dass sich auch hier eine Kluft zwischen uns auftat. Wir lebten in verschiedenen Welten und entfernten uns voneinander.

Bevor ich nun dem Faden meiner Erinnerungen weiter chronologisch folge, muss ich einige Monate zurückgehen. Genauer zum Frühsommer des Jahres '45, als ich meiner Familie in Tel Aviv einen der wenigen Besuche abstattete. Eines Nachts erlebte ich dort eine Razzia der Engländer, und meine Brüder mussten untertauchen, da sie, obwohl erst fünfzehn und sechzehn Jahre alt, in Untergrund-Organisationen aktiv waren. Die »Rotmützen«, wie die englischen Soldaten genannt wurden, durchkämmten die Viertel der Stadt auf der Suche nach Aktivisten der *Palmach* und der in ihrem Besitz befindlichen Waffen. Wer erwischt wurde, kam ins Gefängnis und wurde, was nicht selten vorkam, gefoltert, um genauere Kenntnisse über die illegalen Organisationen aus ihm herauszupressen.

Es war im August des Jahres, als es meinem Vater gelang, meiner Mutter einen Blitzbesuch abzustatten. Kaum war er jedoch wieder in Damaskus, wurde er von der Polizei verhaftet, der Spionage für die Zionisten bezichtigt und in sein Heimatland, den Irak, abgeschoben, wo er fünf Jahre im Gefängnis verbrachte. Neun Monate nach seinem Kurzbesuch, brachte meine Mutter Simi zur Welt. Die Nachricht von der bevorstehenden Geburt eines weiteren Geschwisterchens versetzte mich in Hochstimmung, und mit Hilfe meiner *Metaplet* machte ich mich sofort daran, aus Wollresten, die mir die *Chawerim* meines Kibbuz schenkten, das erste Pullöverchen meines Lebens zu stricken, bunt gestreift, recht ungewöhnlich für einen Säugling. Als Simi dann zur Welt kam, im April '46, war mein Geschenk fertig, und voller Stolz überreichte ich es meiner Mutter.

Mittlerweile zählte ich fast neun Jahre und war groß genug, allein zu reisen. Wenn die Sommerferien begannen oder ein großes Fest nahte wie *Pessach,* unser Ostern, oder *Chanukka,* die Tempelweihe, wanderte ich zur Hauptstraße hinunter und wartete in der Sonne auf den vom gelblichen Staub des

Schotterwegs bedeckten Autobus. Die Fahrt dauerte drei Stunden, mein Magen rumorte und mir war übel, aber die Aussicht, meine Mutter in die Arme zu nehmen und mich der liebevollen Atmosphäre in meiner Familie hingeben zu können, mich wiegen zu lassen von der Musikalität der Gesten und der vertrauten Stimmen, war durch nichts zu ersetzen. Im Kreis meiner Familie, während sich das Arabische mit dem Hebräischen mischte und ich mich auf die geliebten Speisen meiner frühen Kindheit stürzte, fand ich ein wenig von dem emotionalen Gleichgewicht wieder, das ich so früh verloren hatte. Solange Großvater noch lebte, verbrachte ich den Sabbat besonders gern zu Hause, ein Fest, das alle Not, alle Alltagssorgen überstrahlte und mir Kraft gab, von der ich lange zehren konnte. Wenn ich in den Kibbuz zurückkehren musste, zerriss es mir das Herz. Meine Mutter packte mir noch Plätzchen und Kuchen ein, brachte mich zum Bus und fand immer noch eine Münze, um mir Pfefferminzbonbons zu kaufen, jene runden mit dem Loch in der Mitte, die ich auf der Fahrt lutschte, um die Übelkeit, die mich bei dem Geschaukel im Bus befiel, besser zu ertragen. Während ich gegen die Tränen ankämpfte, gab mir meine Mutter, die mir jetzt besonders stark vorkam, noch Tausende von Ermahnungen mit auf den Weg und ließ sich versprechen, dass ich immer brav sein und stets auf dies und das achten würde. Trotz der Orientierungslosigkeit, der Verwirrung, an der sie nach der Entwurzelung unserer Familie litt, verstand sie es, kleine Dinge zu sagen oder zu tun, die mir weiterhelfen konnten. Obwohl sie eigentlich wenig Einfluss auf mein Leben hatte, waren ihre mütterlichen Ermahnungen, die Kindern in anderen Situationen lästig sein mögen, für mich Zeichen einer tiefen Liebe, und ich nahm sie auf wie Liebkosungen und Küsse.

Im Unklaren darüber, was meinem Vater in der Zwischenzeit zugestoßen war, erreichte mich 1950 unerwartet ein Brief von meinem Bruder Eli aus Tel Aviv. Briefe von zu Hause kamen selten, enthielten aber immer wichtige Mitteilungen: Auf diese Weise hatte ich von der Geburt meiner Schwester erfahren, von Großvaters Tod oder auch von der Verwundung eines anderen Bruders im Unabhängigkeitskrieg. In banger Erwartung riss ich mit zitternden Händen den Umschlag auf und las dann immer wieder die wenigen Worte, ohne recht zu begreifen, was da geschrieben stand. Erstarrt und fassungslos sagte ich mir in einem fort: »Mein Vater ist da. Mein Vater ist da.« Es schien mir unmöglich, absurd, aberwitzig.

Fünf Jahre waren vergangen, seit ich ihn zum letzten Mal gesehen hatte. Sein Bild in mir war immer mehr verblasst, ja fast ausgelöscht, und nun erfuhr ich durch die unsichere Handschrift meines Bruders, der sich mit dem Hebräischen noch schwer tat, dass er lebte und bei uns in Israel war. Es gelang mir nicht, das Wort *aba*, Papa, auszusprechen, daher begann ich, es mir im Geiste vorzusagen: »*Aba, aba, aba*« auf Hebräisch, dann auf Arabisch: »*Ebi, ebi, ebi*«. Ich versuchte herauszufinden, welches der beiden Wörter besser klang. Dann probierte ich es laut, wiederholte mehrmals *aba* und *ebi*, obwohl ich fürchtete, jemand könne mich hören und denken, ich hätte den Verstand verloren. Ich hatte das Verlangen, etwas Konkretes zu tun, um jenem vergessenen Bild Gestalt zu geben. Ich schloss die Augen und konzentrierte mich darauf. Wie wohltuend war die Vorstellung, einen Vater zu haben, und unwillkürlich dachte ich, dass es doch wunderschön war, wie alle anderen zu sein. In der Hochstimmung des Augenblicks bekamen die Worte, die ich vor Augen hatte, allmählich etwas Reales: »Mein Papa ist wieder da.« Die Aufregung ergriff jetzt auch körperlich Besitz von mir, meine Beine zitterten, ich lachte und weinte und konnte es einfach nicht fassen: »Ein Wunder! Mein Vater ist auferstanden.«

Ich wischte mir die Tränen ab und versuchte, mich ein wenig zu beruhigen, rannte dann zu meinen Freundinnen und zu meinem Lehrer, schwenkte stolz den Brief durch die Luft und verkündete die große Neuigkeit: »Mein Papa ist wieder da!« Die anderen waren sprachlos und schauten mich stumm und ungläubig aus großen Augen an.

Ich ließ mich für ein paar Tage beurlauben und machte mich auf zu meiner Familie in Tel Aviv, um jenen Mann wiederzusehen, der so unversehens aus einer weit zurückliegenden Vergangenheit aufgetaucht war. Natürlich stellte ich ihn mir so vor, wie ich ihn gekannt hatte, jung, stark und mit diesem maliziösen Lächeln, das ihn in meinen Augen so attraktiv machte. Die drei Stunden Busfahrt vergingen, als befände ich mich in einer anderen Welt, ich bekam nichts mit von der Landschaft, den Feldern und Dörfern, die an uns vorüberzogen. Mit offenen Augen träumte ich von meiner wiedervereinten Familie, mit Vater und Mutter und allen Brüdern und Schwestern, und meinen Körper, der an der Schwelle zur Pubertät stand, durchliefen Schauer der Sehnsucht und süßer Erinnerungen. Als ich mich viele Jahre später um Kinder getrennt lebender Eltern kümmerte, verstand ich nur zu gut ihr Verlangen, die Familie wieder zusammenzubringen, und dass sie auch viele Jahre nach einer Scheidung den Traum von einer vereinten Familie nicht aufgaben.

Je näher wir Tel Aviv kamen, desto mehr überschlugen sich in meiner Fantasie die Bilder des Glücks, und meine Erwartungen wuchsen. Die Frühlingssonne erwärmte langsam die nach den Winterregenfällen noch kühle Luft. Ich stieg aus dem Bus, reckte und streckte meine von der Fahrt steifen Glieder und atmete tief den berauschenden Duft der Orangenblüten ein, die an den Bäumen längs des Pfades gerade aufgegangen waren.

Dann begann ich zu laufen, den staubigen Weg entlang, der mich noch von zu Hause trennte: Diesen einen Kilometer rannte ich so schnell, dass mir das Herz bis zum Hals schlug und meine Beine mich fast nicht mehr trugen. Von weitem sah ich bereits meine Mutter, die im Hof Wäsche aufhängte, ich rief ihr zu, sie kam mir entgegen, und wir fielen uns in die Arme. Ich bemerkte eine dünne Falte, die ihre Stirn durchlief, und nahm etwas leicht Besorgtes in ihrer Miene wahr. Ich wartete darauf, dass sie etwas sagte, aber sie verharrte in Schweigen, als gelte es, ein Geheimnis zu wahren. Als ich eintrat, sah ich meinen Vater mit einer Tasse Tee in der Hand auf einem Bett sitzen. »Das ist Tune«, sagte meine Mutter, so als stellte sie mich einem Fremden vor. Mein Vater streichelte mir über den Kopf, gab mir einen Kuss und murmelte mit schwacher Stimme: »Bist du aber groß geworden ...« Dann widmete er sich wieder mit verlorenem Blick seinem Tee. Wie gelähmt stand ich vor diesem Unbekannten, bis mich meine Mutter aufforderte: »Gib Papa einen Kuss.« Ich tat es, wenn auch widerwillig. Dann nahm mich meine Mutter, wahrscheinlich um mich abzulenken, bei der Hand und sagte: »Komm, es gibt was zu essen. Du bist sicher erschöpft und hast Hunger.« Sie stellte einen Teller mit leckeren *bed u bendora,* also mit Tomaten und Eiern, in der Pfanne gebraten, dazu eingelegte Oliven und Weißbrot, vor mich auf den Tisch.

»Was ist bloß aus meinem schönen, starken Papa geworden?«, dachte ich, während ich stumm vor dem Teller saß. Der Mann dort auf dem Bett war alt, abgehärmt und hässlich, mit einem Gesicht voller Falten und einem Blick, der sich im Nichts verlor. Sein Lächeln war verschwunden, und nur eine kleine Kerbe rechts am Mund erinnerte vage an den Mann, der er einmal war. Mir war kalt ums Herz, und ich sagte mir immer wieder, dass ich einen solchen Vater nicht wollte, während meine Mutter mir zu erklären versuchte, was geschehen war: »Er ist noch sehr schwach. Im Gefängnis im Irak hat er Schlimmes durchgemacht. Er hat gehungert und ist gefoltert worden, und nun kann er kaum noch gehen, weil man ihm die Zehen gebrochen hat. Es wird seine Zeit brauchen, bis er wiederhergestellt ist.«

Diese Worte konnten die Beklemmung nicht vertreiben, die mich befallen hatte: Ich fühlte, dass mir die Kraft und der Wille fehlten, weitere Enttäuschungen zu ertragen, und wollte nur so schnell wie möglich von zu Hause fort und in den Kibbuz zurückkehren. In den Tagen, die ich noch in Tel Aviv blieb, bemühte ich mich, ihm gegenüber nett und aufmerksam zu sein. Doch meine Träume waren geplatzt, und ich glaubte nicht mehr daran, dass meine Familie jemals wieder richtig zusammenfinden würde.

VII
Ein labiles Gleichgewicht

Nach einer quälenden Krise, die mit der Überzeugung einherging, dass es besser sei, im Kibbuz von Alonim zu bleiben, zog ich mich am eigenen Schopf aus dem Sumpf und stellte mich mit neuem Elan den Gegebenheiten. Ich besuchte nun wieder regelmäßig meine Familie in Tel Aviv, und in dem Maße, in dem mein emotionales Gleichgewicht sich festigte, konnte ich auch mit größerem Vertrauen auf Arie und Haia zugehen, die aufrichtig bemüht waren, sich meiner anzunehmen und gleichzeitig auch meiner Familie zu helfen. Um für den Familienunterhalt zu sorgen, ging meine Mutter verschiedensten Gelegenheitsarbeiten nach, wobei sie nicht selten Rafi und Shifra allein zu Hause lassen musste, was deren Gefühl der Entfremdung noch verstärkte. Arie nahm sich des Problems an, und es gelang ihm, mit Hilfe verschiedener Organisationen Rafi in einem Kindergarten und Shifra, die bereits elf Jahre alt war, in einem Kibbuz unterzubringen. Die Feinfühligkeit und Diskretion, mit der er dies bewerkstelligte, verhinderte, dass sich irgendjemand übergangen oder gedemütigt fühlte. Für mich war es ein weiterer Beweis seines großen Herzens und seiner außerordentlichen Hilfsbereitschaft.

Unterdessen war Haia wieder schwanger, und ihr Sohn Boas und ich verfolgten neugierig, wie sich das Kind in ihrem Leib bewegte. Eine wunderschöne Erfahrung. Als Dori dann zur Welt kam, hatte ich von Anfang an das Gefühl, eine leibliche Schwester bekommen zu haben. Ich hatte das Verlangen, sie zu umsorgen, zu liebkosen und in den Arm zu nehmen. Der Eifer, mit dem ich mich um den Säugling kümmerte, trug dazu bei, dass ich mich wie ein wichtiges Mitglied meiner Pflegefamilie fühlte. Wenn wir Zeit hatten, besuchte ich mit meinen Freundinnen die Kinderkrippe des Kibbuz, um zu sehen, ob wir uns bei den Kleinsten nützlich machen könnten. Dann spielten wir »Mutter und Kind«, und eine jede suchte sich »ihr« Baby aus, um es im Arm zu wiegen und mit ihm zu spielen. Hier begann sich meine Leidenschaft für Kinder zu zeigen.

Mit der Zeit gefiel mir das Gemeinschaftsleben im Kibbuz immer besser, ich vertraute den geregelten Abläufen und der festen Ordnung, und die Stunden, da ich mich traurig und einsam fühlte, wurden seltener.

Lebhaft erinnere ich mich, in welch freudiger Stimmung der Sabbat vorbereitet und begangen wurde. *Kabbalat Schabbat,* Begrüßung des Sabbat: die festliche Kleidung – weiße Bluse und blauer Rock –, die weißen Tischdecken, die brennenden Kerzen, die Gesänge und das Festessen. Trotz einer teils weltlichen Ausrichtung des Sabbat hatte sich das Fest im Kibbuz auch eine jahrtausendealte Aura von Heiligkeit und Reinheit bewahrt, die jeden Freitag schon die Luft erfüllte, auch wenn unser Lebensrhythmus nicht mehr von

»Meine Mutter war eine wunderschöne Frau. Ihr langes Haar trug sie meist zu einem Knoten zusammengeschlungen.«

Masal mit neun Jahren

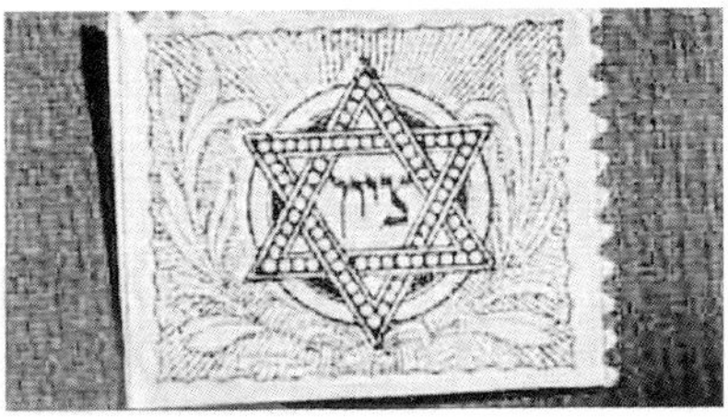

Der Davidstern

»Ich fühlte mich wirklich wohl in meiner Haut und fragte mich, ob auch die anderen dies bemerkten.«

Kibbuztochter: »In den folgenden Monaten sah ich auch meine Brüder Moshe und Eli wieder.«

»Die Anspannung, die ich trotz allem aber weiter stumm in mir trug, machte sich eines Tages in einer Krise Luft.«

Eine *Chawerim*-Versammlung im Kibbuz Alonim.

Die neuen Siedlungen wecken das Interesse der Araber. Neugierig nähern sie sich auf ihren Kamelen.

»Vielleicht zwanzig Zelte und einige Holzbaracken, der Wasserturm und der Schutzzaun.«

»Die jungen ›Gründerväter‹ beschlossen, das Land zu bestellen, eine Arbeit, die Juden in fast allen Ländern, in die es sie in den vielen Jahrhunderten verschlagen hatte, verboten war

Olivenernte

»Bei der Getreideernte waren alle *Chawerim* eingespannt, mit vielen, vielen Stunden Arbeit.«

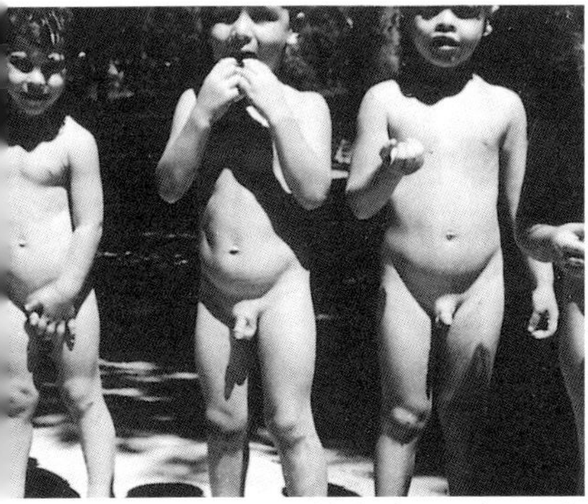

»Im Sommer war es üblich, die Kinder nackt mit Wasser und Sand spielen zu lassen.«

»Im Juni 1958 verließ ich den Kibbuz, um meinen Pflichtwehrdienst abzuleisten.« Personenkennziffer: 378595.

1959: »Bald schon wurde ich Unteroffizier. Ich war mächtig stolz darauf.«

»In den Pausen lief ich zur anderen Lagerseite hinüber und nahm durch den Stacheldrahtzaun, der uns von den männlichen Soldaten trennte, Kontakt zu meinem Freund auf.«

»Wir beschlossen nach Elat zu fahren und brachten zwei Kameraden dazu, ihren Kleinlaster zur Verfügung zu stellen.«

»Ich verliebte mich in einen jungen Italiener. Uns verband eine gemeinsame Liebe zu Kindern, zur Psychologie, zu Musik, Gesang und Tanz.«

»Ich liebte meine Tochter Yael aus tiefster Seele und integrierte sie in meinen Alltag.«

Meine Tochter Yael und mein Sohn David

»Kinder haben noch einen leichteren Zugang zu ihrem Unterbewusstsein und drücken in ihren Spielen oder Zeichnungen etwas von ihrem besonders reichen Innenleben aus.«

»Je mehr Zeit vergeht, desto deutlicher wird all das, was meine Lebensgeschichte ausmacht: Liebe, Hoffnung, Mühsal, Erfolg und Freude.«

der Religion, sondern vom Wechsel der Jahreszeiten und der Arbeit auf den Feldern bestimmt wurde. Eine natürliche Vermischung von Alt und Neu erlebten wir bei den meisten jüdischen Festen, deren Hintergrund die Fruchtbarkeit der Erde bildet. Wir spürten etwas vom Geist unserer Vorfahren, die auf diesem Land, das wir jetzt bestellten, gesiedelt hatten. Früchte, die wir mit eigenen Händen angebaut und geerntet hatten, wurden auf den Tisch gebracht und mit Blüten und Zweigen geschmückt, die der Garten der Natur uns schenkte. Und man ließ sich auf den Geist des Festes ein, indem man die entsprechenden Stellen aus der Bibel vorlas oder chassidische Geschichten erzählte, die unser *More,* unser Lehrer, für diese Gelegenheit ausgesucht hatte.

Erst viele Jahre später, als ich schon lange in Italien lebte, wurde mir richtig klar, wie tief die jüdische Kultur, die des Ghettos und die des Kibbuz, in mir verwurzelt war. Als meine Tochter noch ein kleines Mädchen war und zur Grundschule ging, stellte ich den Antrag, sie vom christlichen Religionsunterricht zu befreien. Und so brachte sie, zusammen mit einer Mitschülerin, die in einer ähnlichen Situation war, eine Stunde in der Woche im Flur vor ihrer Klasse zu.

Eines Tages erzählte mir meine Tochter nach der Schule, dass sie, auf den Grund ihres Fernbleibens vom Religionsunterricht angesprochen, der Mitschülerin erklärt hatte, »sie habe eben ein wenig jüdisches Blut« in den Adern. Für mich war das ein Alarmsignal: War die jüdische Identität für sie tatsächlich etwas so Vages, Verschwommenes? Bis zu diesem Moment war ich der Überzeugung, schon die Art meines Umgangs mit ihr, der schließlich entscheidend durch meine

Geschichte und meine Wurzeln geprägt war, würde ausreichen, um die jüdische Herkunft ganz selbstverständlich in ihr zu verankern. Doch ich hatte mich geirrt. Angesichts dieses leicht dahingesagten Satzes schreckte ich auf und erklärte, keinen Widerspruch duldend, sie sei *ganz und gar* Jüdin, nicht anders als ihre Mutter und ihr Vater. Von diesem Tag an machte ich es mir zur Gewohnheit, meinen beiden Kindern aus Büchern der jüdischen Kultur vorzulesen, so wie es auch unser *More* jeden Freitag getan hatte. Darüber hinaus beschloss ich, sie auf einer jüdischen Schule anzumelden: Ich hatte verstanden, dass es gerade für Juden außerhalb Israels wichtig ist, eine innige und feste Beziehung zum eigenen Volk aufrechtzuerhalten. Die Juden meiner Generation, die schlimmste Verfolgungen erlitten haben, wünschen sich häufig für ihre Kinder eine »Normalität« um jeden Preis und versuchen auf diese Weise der tiefsitzenden Angst zu entkommen, von der keiner von uns frei ist und die unvermeidlich das Verhältnis zu den Familienangehörigen beeinflusst.

Das Frühlingserwachen im Kibbuz fiel mit den Vorbereitungen für das *Pessach*-Fest und dem Großreinemachen zusammen. Kleider und Decken wurden in die Sonne gelegt, Schränke ausgeräumt und gelüftet, und ein frischer, fröhlicher Wind durchzog auch unsere Herzen. Die Befreiung aus der »Knechtschaft« des Winters passte gut zum Ende der Gefangenschaft der Israeliten bei den Pharaonen und dem Auszug aus Ägypten.

An die Freude über die wiedergewonnene Freiheit wird in den täglichen Gebeten aller gläubigen Juden erinnert, vor allem aber beim österlichen *Seder.* Zu dieser Gelegenheit wurden im Kibbuz lange Tafeln für alle *Chawerim,* ihre Kinder sowie manch einen Gast von außerhalb gedeckt. Wein, *Matzen,* das ungesäuerte Brot, und Blumen zierten die makellosen Tische; die Erwachsenen lasen abwechselnd aus der *Haggada* vor, und wir Kinder bettelten im Chor darum, dass uns endlich die Geschichte vom Auszug aus Ägypten erzählt würde. In der Diaspora schließt der *Seder* mit dem Versprechen: »Nächstes Jahr in Jerusalem«, doch nun war gottlob dieser Satz überflüssig geworden. Wir waren in unser Land zurückgekehrt, lebten frei und als unsere eigenen Herren.

Den größten Teil meiner Tage verbrachte ich in der Schule. Es handelte sich um eine einzige Klasse, die in einem Raum neben jenem, in dem wir aßen und schliefen, untergebracht war. Häufig fand der Unterricht im Freien statt. Wir zogen in den Wald, um Pflanzen und Tiere zu beobachten, bestellten einen kleinen Gemüsegarten und lernten eine Menge über die Nutztiere, wie Pferde, Kühe oder Schafe, die im Kibbuz gehalten wurden. Selbstverständlich lasen wir auch die *Thora* und büffelten jüdische Geschichte und Literatur oder die Geographie des Landes, aber stets auf eine Art und Weise, dass die Verbindung greifbar war zwischen dem, was wir in den Büchern lasen, und dem Leben um uns herum. Die Schule war also nichts Abstraktes, sondern wurde zu einem lebendigen Teil unseres Tagesablaufs.

Die persönlichen Pflichten erschöpften sich nicht in den Hausaufgaben, sondern umfassten auch die Organisation kultureller Aktivitäten, von Musik, Tanz oder Theater, sowie eine handwerkliche Tätigkeit, die dem Alter angemessen sein sollte. Schon von der ersten Grundschulklasse an hatten wir die Aufgabe, in unserem Haus zu putzen und aufzuräumen. Schrittweise kamen dann immer mehr Arbeiten hinzu, die zusammen mit den Erwachsenen im Kibbuz erledigt wurden. All diese Pflichten wurden vom gesamten Kollektiv bewertet. In das Urteil flossen sowohl die schulische Leistung als auch die praktischen Aktivitäten ein, die man uns übertragen hatte.

Jeweils zum *Pessach*-Fest, über die Sommerferien und an *Chanukka* besuchte ich meine Familie und war dann immer wie ein Packesel beladen mit Geschenken, die ich ihnen mitbringen wollte. In dieser Zeit ließ ich die Regeln und Pflichten des Kibbuz hinter mir und schlüpfte nur zu gern wieder in die Rolle des kleinen Mädchens, das sich umsorgen und behüten ließ. Ich weiß noch, wie sehr es mir behagte, mich nach dem Essen auf dem Bett beim Fenster, das in der prallen Sonne stand, ein wenig auszuruhen. Nur leicht bekleidet lag ich da und stellte mich schlafend, wartete aber geradezu darauf, dass meine Mutter käme und mir, in Sorge, ich könnte vielleicht frieren, eine Decke überlegte und mich zärtlich küsste.

Meine Mutter hatte unterdessen eine neue Unterkunft gefunden, immer noch winzig, aber nicht ganz so ärmlich wie die erste Behausung in Tel Aviv, und war dort mit den Großeltern und den Kleinen, Rafi und Simi, eingezogen. Die Wohnung bestand wieder nur aus einem Zimmer, jedoch hatte sie einen recht geräumigen Eingangsbereich und war groß genug für fünf Betten, einen Tisch, einen Schrank und einen kleinen Eisschrank, der bei dem feuchtheißen Klima in der Stadt unentbehrlich war. Während der Ferien genoss ich intensiv die häusliche Atmosphäre: die Gebete meines Großvaters, die vertrauten Gesten, mit denen er die *Tefillin* anlegte, die arabischen Lieder meiner Großmutter, den Duft meiner Leibspeisen. In der Familie wurde Arabisch gesprochen, doch obwohl ich die Melodie noch immer im Ohr hatte, verstand ich die Sprache zunehmend schlechter und verlor Tag für Tag ein wenig von ihrem Reichtum. Auch meine Geschwister sprachen jetzt immer häufiger Hebräisch mit mir, und am Sabbatabend sangen wir nach dem Essen zwar die traditionellen Weisen, aber auch neue israelische Lieder, wobei wir uns mit Flöten und einer Mundharmonika begleiteten. Doch ein Teil von mir entfernte sich immer mehr. Auch wenn es mir behagte, mich von der altvertrauten Atmosphäre einnehmen zu lassen, fühlte ich doch, dass ich anders geworden war.

Ich entwickelte neue Interessen, las, hörte klassische Musik, tanzte israelische Volkstänze und trug ganz unbefangen kurze Hosen. Was mochte meine Mutter wohl davon halten? Ich spürte, wie sehr sie mich liebte, und wie immer fand sie einen Weg, mir dies durch kleine Gesten mitzuteilen: Sie beobachtete mich mit distanziertem Blick und begriff, dass ich eben älter wurde. Häufig bat sie mich, sie zu Ämtern zu begleiten, wo Anträge für staatliche Unterstützung zu stellen oder irgendwelche Dokumente auszufüllen waren, und ich übersetzte ihre Anliegen vom Arabischen ins Hebräische. Gegen Ende meiner Aufenthalte, wenn es Zeit wurde, nach Alonim zurückzukehren, fand ich immer meine Kleider gewaschen und gebügelt vor, ein sichtbares Zeichen ihrer liebevollen Fürsorge.

Nach einigen in einer gewissen Ruhe verbrachten Jahren wurde das Kibbuzleben durch sehr hart geführte politische Auseinandersetzungen aufgewühlt.

Es dauerte nicht lange, und die erregten Debatten führten zu Brüchen und Abspaltungen, bis schließlich eine geschlossene Gruppe von *Chawerim* dem Kibbuz den Rücken kehren wollte. Haia und Arie zählten zu ihnen. Eines Abends erzählten sie mir von ihrer Entscheidung und fragten mich, ob ich mit ihnen kommen wolle. Und plötzlich war, so machtvoll wie früher, die unterschwellige Angst, verlassen zu werden, wieder da. Ich zögerte keinen Augenblick: Ich würde ihnen folgen, egal, was sie taten und wohin der Weg sie führte, um sie nur ja nicht zu verlieren. Damals wie heute sind es die menschlichen Bindungen, die bei den wichtigsten Entscheidungen meines Lebens den Ausschlag geben. Wie heißt es doch im *Talmud:* »Die Füße folgen dem Herzen.« Aus Liebe habe ich Israel verlassen und bin nach Italien ausgewandert, aus Liebe habe ich Mailand verlassen und bin nach Rom gezogen.

Dazu fällt mir ein Satz ein, den ich in einem Roman von Annie Micheals gelesen habe. *Auf der Flucht* heißt das Buch, in dem von einem jüdischen Jungen erzählt wird, der während des Zweiten Weltkriegs von einem griechischen Ingenieur vor den Nazis gerettet wird. Der Satz lautet: »... und während sich die einen von der Liebe leiten lassen (das sind jene, die handeln), lassen sich andere, und zwar die meisten, von Angst leiten (das sind jene, die sich dazu entschließen, nicht zu handeln).« Aus Liebe zu meinen Pflegeeltern hätte ich Alonim verlassen. Doch wie so häufig lagen auch hier die Dinge nicht so einfach: Rechtlich war ich nicht Haias und Aries Tochter, und deshalb waren auch nicht die beiden für mich verantwortlich, sondern der Kibbuz. Und im Kibbuz wollte man nicht, dass ich ihnen folgte.

Mittlerweile war ich zwölf Jahre alt, und die erste Monatsblutung bedeutete einen weiteren großen Schritt in meiner Entwicklung. Es war Haia – ich weiß noch, dass wir auf einer Wiese saßen und über ihre Zukunft sprachen –, die einen Blutfleck auf meinem Rock bemerkte. Ich selbst hatte ihn nicht gesehen und war entsprechend überrascht. Sie half mir, mich zu säubern und nahm mich liebevoll in den Arm. Ich war zur Frau geworden und sah mich gerade zu diesem Zeitpunkt wieder einer tiefgreifenden Veränderung in meinem Leben gegenüber. Die bevorstehende Trennung zerriss mir das Herz. Immer noch war ich nicht mein eigener Herr und musste Entscheidungen anderer, egal ob sie richtig oder falsch waren, hinnehmen, auch wenn mein Körper mir sagte, dass ich bald erwachsen wäre. Innerlich jedoch fühlte ich mich klein und zerbrechlich. Erneut stürzte ich in eine tiefe Krise und war voller Wut und Verzweiflung. Ich kapselte mich ab mit meinem Schmerz, sah die Welt der Erwachsenen als feindlich an und wollte mit niemandem mehr sprechen. Auch mit meinen schulischen Leistungen ging es bergab, doch zum Glück half mir die kreative Arbeit, die ich mit der Gruppe Gleichaltriger zu erledigen hatte, über die schlimmste Zeit hinweg.

Zwei Jahre lang lehnte ich jedes Angebot anderer Familien ab, mich aufzunehmen, und versuchte, mich um mich selbst zu kümmern. Ich nutzte die Zeit, die die anderen Kinder mit ihren Eltern verbrachten, zum Lesen, Stricken und Geigespielen. An den Wochenenden besuchte ich Arie und Haia in der nahen Stadt, wo sie in einer Jugendeinrichtung Arbeit gefunden hatten. Hin und her gerissen zwischen den Auffassungen meiner »Eltern« und denen des Kibbuz, durchquerte ich jeden Freitag zu Fuß den Wald, der Alonim von Ramat Hadasa trennte, der Stadt, in der sie nun lebten. Mir war nie wohl auf diesem einsamen Pfad, denn ich fürchtete mich vor Schakalen oder Arabern, die mir vielleicht auflauerten, und wurde erst ruhiger, wenn die ersten Häuser in Sichtweite kamen. Es war immer schön bei Arie und Haia, konnten wir doch wie selbstverständlich an die enge Beziehung anknüpfen, die über die Jahre, mit viel Einsatz und Geduld, zwischen uns entstanden war. Den Feiertag über sammelte ich neue Kräfte und kehrte am Sabbat nach Sonnenuntergang in den Kibbuz zurück. Aber es war nicht einfach, meiner Entscheidung, den Kontakt nicht abreißen zu lassen, treu zu bleiben. Am Sabbat dem Kibbuz den Rücken zu kehren kam einer Art Verrat gleich, umso mehr, als ich ihn »verübte«, um Menschen zu besuchen, die im Streit und mit heftiger Kritik aus der Gemeinschaft ausgetreten waren. Ständig fühlte ich mich beobachtet und beurteilt, und nicht wenige *Chawerim* machten mir ganz offen Vorhaltungen. Es war damals eine harte Zeit in Israel. Der Existenzkampf des Landes ließ wenig Spielraum für Standpunkte, die von persönlichen Gefühlen geprägt waren. Daher vermied ich es auch, den Menschen, die sich nun um mich kümmerten, meine Gründe zu erklären. Lieber behielt ich meinen Kummer für mich und weinte heimlich in meinem Bett.

Irgendwann begann ich, mit einigen Erwachsenen, die im Kibbuz lebten, Freundschaft zu schließen. Ich erinnere mich an einen Maler, der mir Zeichenunterricht gab. Ich hielt mich gerne bei ihm auf, um Musik zu hören und mich über Kunst zu unterhalten. Obwohl ich möglichst alles Persönliche aus unserer Beziehung ausklammerte, verstanden wir uns gut, denn bei ihm fand ich etwas, das mir bei meinen gleichaltrigen Kameraden fehlte. Manchmal fühlte ich mich schon richtig erwachsen.

Allen Veränderungen und emotionalen Erschütterungen zum Trotz, blieben meine Pflichten von der neuen Situation unberührt: Hingebungsvoll kümmerte ich mich um die kleineren Kinder, organisierte Ausflüge und alle möglichen anderen Aktivitäten. Die Arbeit mit den Jüngsten war für mich die größte Befriedigung. Das, was ich dabei lernte, war vielleicht das Wichtigste, was ich von den Jahren in Alonim mitnahm.

Besonders gut habe ich noch das erste Zeltlager in Erinnerung, bei dem die Jugendlichen aller Kibbuzim Israels an einem Ort in Galiläa zusammenkamen. Nachdem wir sorgsam die besten Plätze für unsere Zelte ausgesucht hatten, ging es darum, sowohl die praktischen Dinge als auch die Freizeitaktivitäten zu organisieren. Ich war verantwortlich für meine *Kwuza,* meine Gruppe also, und von Enthusiasmus getragen, stürzte ich mich in alles, was zu erledigen war. Ich war die Erste, die morgens aufstand, und die Letzte, die schlafen ging, ich packte an, wo ich helfen konnte, feuerte die Kameraden in den Sportwettkämpfen an …, ja, mir schienen Flügel gewachsen, und mit meiner Begeisterung steckte ich alle anderen an. Ich war erfüllt von einer tiefen Zufriedenheit und fühlte mich ausgeglichen wie selten zuvor, was wiederum meinem Selbstvertrauen zugute kam. Trotz dieser positiven persönlichen Entwicklung machten sich die Verantwortlichen im Kibbuz, zu denen ich auf Distanz gegangen war, Sorgen, ich sei zu viel allein und mir fehle der emotionale Halt erwachsener Bezugspersonen innerhalb der Gemeinschaft. Vielleicht spürten sie, dass ich ihnen entglitt, und begannen sich nun ernstlich zu fragen, wie die Mauer, die ich um mich herum errichtet hatte, einzureißen wäre.

Tatsächlich ist es für eine Heranwachsende schwierig, ohne engere Bindungen in einem Kibbuz zu leben, und so ließ ich mich nach langem Drängen meiner Englischlehrerin auf ihr Angebot ein, mich ihrer Familie anzuschließen. Ihr Ehemann war ein großherziger kluger Mann, die Tochter, ein wenig älter als ich, wurde bald schon meine Freundin, und das erst einige Wochen alte Söhnchen band mich vollends an diese lieben Menschen. Vier Jahre lang blieb ich bei ihnen und entwickelte in ihrem Haus die Liebe zu Malerei, Musik und Literatur. Als die Familie politischer Aufgaben wegen nach Italien zog, musste ich im Alter von achtzehn Jahren mit einer weiteren Trennung fertig werden. Die Wunden der vorangegangenen Trennungen begannen wieder zu schmerzen, und ich war gezwungen, die damit verbundenen Ängste, die mich bereits so gezeichnet hatten, noch einmal zu durchleben: Das abrupte Fortgerissenwerden von meiner Mutter, der Bus, in dem meine in Tränen aufgelöste Schwester davonfuhr, die bewegten Abschiede von Arie, Haia und ihren Kindern.

VIII
Wer bin ich?

In der unfreiwilligen Einsamkeit versuchte ich, meinem Leben einen tieferen Sinn zu geben, und horchte in mich hinein, um zu erkennen, was mir entsprach. Nachdem ich mit allen Arbeiten im Kibbuz, vom Putzen über sämtliche Erntearbeiten bis zur Versorgung der Nutztiere, meine Erfahrungen gesammelt hatte, beschloss ich, mich stärker jener Aufgabe zu widmen, die mich am meisten fesselte, der Arbeit mit Kindern. Schon seit längerem war ich im Kinderhort tätig, auch wenn ich hier nur für Sauberkeit zu sorgen hatte. Häufig hielt ich in meiner Arbeit inne und schaute zu, wie die Säuglinge von der *Metapelet* gepflegt wurden. Malca war eine Frau mit großer Ausstrahlung, heiter, gewandt und selbstsicher. Mit routinierten harmonischen Gesten nahm sie sich der Babys an, wechselte ihre Windeln, badete sie, gab ihnen zu essen. Als ihr mein Interesse für die Kleinen auffiel, erzählte sie mir mehr über jeden Säugling, erklärte mir, was sie brauchten, die Bedeutung gedämpfter Stimmen, von Liebkosungen und behutsamen Bewegungen für ihre Ausgeglichenheit und Entwicklung. Mit jedem Säugling, um den sie sich kümmerte, redete sie mit sanfter Stimme, sang kleine Melodien und gab ihm ein Gefühl von Liebe und Sicherheit. In diesem Umfeld lernte ich, wie viele verschiedene Bedeutungen Babygeschrei haben kann und was es den Bezugspersonen hinsichtlich des Wohlergehens oder Unwohlseins des Säuglings mitteilt.

Ich begann jetzt, regelmäßiger im Hort zu arbeiten, und übernahm immer verantwortungsvollere Aufgaben, auch bei größeren Kindern, die vor der Pubertät standen. Seit ich siebzehn war, vertiefte ich meine praktischen Erfahrungen durch die Lektüre psychologischer Fachbücher. Da hatte ich meine Entscheidung bereits getroffen: Ich würde die Liebe zu Kindern zu meinem Beruf machen.

Gleichzeitig brannte ich darauf, auch auf anderen Gebieten so viel wie möglich zu lernen. In meiner Freizeit nähte und bügelte ich und suchte die Freundschaft erwachsener *Chawerim,* die mich an ihren Erfahrungen und ihrem Wissen teilhaben lassen konnten. Ich war geradezu gierig danach, Kenntnisse zu erwerben.

Dann waren da noch die Aktivitäten in der Gruppe, die Feste, die Zeltlager, die Diskussionen in großer Runde. Jeden Freitagabend, nach *Kabbalat Schabbat*, widmeten wir uns stundenlang der Musik und den Volkstänzen. Bei der *Horah,* einem ganz einfachen Tanz im großen Kreis, versammelten sich alle, auch die Schüchternsten und Unbeholfensten, um das Akkordeon. Mein geschmeidiger Jungmädchenkörper wirbelte mit Leichtigkeit, Freude und Leidenschaft über die Tanzfläche. Ich fühlte mich wirklich wohl in meiner Haut und fragte mich, ob auch die anderen dies bemerkten.

In jener Zeit drängte mein Bedürfnis nach Nähe und Liebe immer stärker nach Erfüllung. In Ermangelung anderer Möglichkeiten verwandelten sich die Kameraden, mit denen ich noch vor kurzem gemeinsam unter der Dusche gestanden hatte, in geheimnisvolle Objekte der Fantasien und Träume. Es kam vor, dass wir uns, wenn die Tänze vorüber waren, noch spät nachts draußen auf eine Wiese legten und auf der Suche nach etwas Unbestimmtem zum Sternenhimmel hinaufblickten. Die Tänze hatten die Körper erschöpft, jedoch die Seelen aufgewühlt, und zu schüchternen Pärchen unerfahrener Jugendlicher vereint, suchten wir Antworten auf Fragen, die wir nicht hätten formulieren können. Es waren magische, duftende Sommernächte, und die Sterne schienen zum Greifen nah. Mir kommt dazu eine Zeile aus dem Hohen Lied in den Sinn: »*Smolo tachat leroschì wajemino techabkeni*«, »Seine Linke ist unter meinem Haupt, und seine Rechte umfasst mich.« Es waren zärtliche Umarmungen, begleitet von vertrauensvollen, schwärmerischen Gesprächen über das Leben, unsere Wünsche, die Zukunft, die erst unterbrochen wurden vom morgendlichen Tau, der uns zwang, uns zu trennen, um endlich ins Bett zu gehen.

Meine Unabhängigkeit ermöglichte es mir, die Zeit der Spätpubertät in außerordentlicher Freiheit zu verleben. Daneben brachte es die spezielle Organisation im Kibbuz mit sich, dass wir alles ausprobieren konnten und doch einen gewissen Schutz vor größeren Gefahren genossen. Wir stahlen Hühner und hatten unseren Spaß daran, sie heimlich auf unseren Zimmern zu braten, oder wir borgten uns einen Traktor aus, um aufs Feld zu fahren und uns Wassermelonen oder Maiskolben zu holen. Alle Verpflichtungen und Regeln vergessend, verbrachten wir die Nächte mit der Suche nach Antworten auf die Geheimnisse des Lebens, vor allem aber der Sexualität. Freundschaften wurden fester und ernster. Zwischen mir, Ruthie und zwei Jungen aus unserer Klasse entstand eine recht enge Beziehung, kaum wahrnehmbar durchdrungen von sexueller Neugier, aber gedämpft durch eine eingespielte Kameradschaft, die verhinderte, dass wir die Grenze überschritten.

Als sich der Kibbuz ausdehnte und eine neue Gruppe von jungen Leuten zwischen fünfzehn und zwanzig Jahren aufgenommen wurde, begannen sich die Dinge zu verändern. Isaaks Blick erregte mich auf eine Weise, die mir ganz neu war. Ich schämte mich, und gleichzeitig stellte ich mich zur Schau. Meine Blusen wurden enger, ich brachte meine nackten gebräunten Schenkel besser zur Geltung, und fortwährend versuchte ich, seine Aufmerksamkeit auf mich zu ziehen. Ich verspürte ein vages Verlangen und nie erlebte Gefühle, die meinen Körper und Geist vollkommen ergriffen, begleitet von Wachträumen, Herzrasen, Seufzern …

Eines Abends lud mich Isaak zu einem Spaziergang ein. Mitten im Gespräch, während ich über Gott und die Welt redete, streichelte er mich plötzlich mit seiner warmen Hand, strich mir ganz sanft über den Rücken. Ohne ein Wort zu sagen, sanken wir ins Gras, seine Lippen suchten meinen Mund, seine Hände berührten meine Brüste unter dem schweren Stoff meiner Bluse. Ich floss über vor Erregung, drängte mich an ihn und wollte gleichzeitig fliehen, mich schützen, ohne zu wissen, wie, wo und warum.

Am Tag darauf fühlte ich mich ganz seltsam, verunsichert, unfähig, Isaak in die Augen zu schauen, und überzeugt, dass jetzt alle sehen könnten, was ich getan hatte. Ich brauchte einen ganzen Tag, um die Kraft zu finden, mich meiner Freundin anzuvertrauen, und erst dann, getröstet durch ihr fröhliches Lachen, löste sich meine Anspannung.

Einige Zeit später begegnete ich einem Jungen, der ein ganzes Stück größer war als ich und vor allem so schön wie Paul Newman. Wie hätte ich mich also nicht in ihn verlieben sollen? Mit ihm erlebte ich eine Nähe, die noch leidenschaftlicher war, umfassender, befriedigender.

Die Zeit der Liebschaften hatte für mich begonnen, und in dieser Lebensphase war ich erfüllt von einer erstaunlichen Energie, die allem, was ich in Angriff nahm, Sinn und Kraft verlieh, sei es in der Schule, bei der Arbeit oder auch beim Lesen. Wie alle Jugendlichen wollte ich in den leidenschaftlichen Versen der Dichter meine eigenen Gefühle wiederfinden, suchte nach Antworten auf die vielen beunruhigenden Fragen, die mich zutiefst bewegten. Walt Whitman, das Hohe Lied, Tagore, Omar Khayyam, Rachel entzündeten meine Fantasie und erweiterten mein Denken. Ich begann, ein Tagebuch zu führen, ein schwarz eingebundenes Heft.

Wenn mich die Melancholie überkam, machte ich mich zu einem Spaziergang auf, um zu sehen, ob ich in der Natur auf jene heiter stimmende Harmonie stoßen würde, die mir das innere Gleichgewicht zurückgeben könnte. Von unserem

Hügel schlenderte ich langsam, verträumt den Weg hinunter und nahm mit allen Sinnen die Schönheit des Tales in mich auf. Am Wegesrand wiegten sich die Weizenfelder mit ihren vollen Ähren wie meine Gedanken im Wind. Das Gefühl der Einsamkeit wog bald weniger schwer, und aus tiefster Seele erhob sich eine Stimme, die gehört werden wollte. Ich betete und sang einen Psalm König Davids: »Aus der Tiefe rufe ich zu dir, o Herr, erhöre meine Stimme und mein Flehen.« Mit Wehmut dachte ich an meine Mutter, und aus meiner jüdischen Seele sprudelte eine jahrtausendealte Trauer, die mich mit dem Glauben meiner Vorfahren verband. Nach und nach legte sich die unbestimmte Beklemmung, die mich ergriffen hatte, und mein Herz strömte über vor Liebe für einen Menschen, den ich noch gar nicht kannte.

IX
Eingezogen

Mit dem Abschluss der höheren Schule verließ ich im Juni 1958 den Kibbuz und den schützenden Kreis meiner Pflegefamilie, um meinen Pflichtwehrdienst abzuleisten. Ich freute mich auf die Veränderung und war bereit, mich allem zu stellen, komme, was da wolle. Es war eine Zeit, in der ich förmlich darauf brannte, mich mit der Welt zu messen, einer Welt, die mich anzog und gleichzeitig auch ein wenig ängstigte. An der Sammelstelle fanden sich junge Mädchen und junge Männer aus den verschiedensten Regionen Israels ein. Wir waren alle ungefähr achtzehn Jahre alt und fremd untereinander, aber vereint in dem Vorsatz, unser Land zu verteidigen. So wie es im *Talmud* geschrieben steht: »Alle Juden tragen Verantwortung füreinander.«

Wir wurden getestet und medizinisch untersucht und bekamen unsere Personenkennziffer. Der erste Befehl, den wir erhielten, lautete: Wer in Gefangenschaft gerät, macht keine andere Angabe als seinen Namen, den Familiennamen und die Personenkennziffer. Noch heute kann ich diese Nummer auswendig hersagen, ist sie doch zu einem zweiten Namen, einer zweiten Identität für mich geworden. In der Armee galt ein strenger Ehrenkodex: Keine Frauen und Kinder schlagen, nicht plündern oder Beute machen, und vor allen Dingen nicht töten, es sei denn zu Verteidigungszwecken.

Auf einem Lastwagen wurden wir nach Tel Hashomer befördert, einem von Stacheldraht umzäunten Ausbildungslager, wo man uns aufteilte und uns die Uniformen aushändigte: Dienstmütze, Hemd, Jacke und Hose beziehungsweise Rock, Stiefel und das Gewehr, von dem wir uns niemals, auch nachts nicht, trennen durften. Die Unteroffiziere erklärten uns, dass diese Waffe geradezu zu unserem »Verlobten« werden müsse.

Ich war aufmerksam und engagiert und hatte mich bald auch an die Befehle brüllenden Stimmen gewöhnt: »Anziehen!«, »Fertig machen!«, »In einer Reihe ...«, so ging es in einem fort. Das Essen wurde in Blechnäpfe ausgeteilt und in einem großen Saal eingenommen, wo dann, für eine knappe Stunde, Männer und Frauen zusammenkamen.

Zur Ausbildung zählte auch theoretischer Unterricht in Waffenkunde, Waffenreinigen, Gefechtsverhalten und so weiter. Wir lernten, mit dem Gewehr und der MP, dem *Sten,* umzugehen und Handgranaten zu werfen: Die militärische Stärke des *Zahal,* der israelischen Armee, liegt nicht allein in der Quantität und Qualität ihrer Waffen und Soldaten begründet, sondern auch in der tief verwurzelten Überzeugung jedes Einzelnen, unser Land, unser Zuhause verteidigen zu wollen. Das war es, was wir jetzt lernten, und aus dem tiefsten Innern jedes Rekruten erstand ein neuer Jude, der in der Lage war, seine Angst zu beherrschen. Kein Jude sollte jemals wieder von Land zu Land fliehen müssen, wie unser Volk es in den zweitausend Jahren der Diaspora immer wieder erlebt hatte.

Obwohl wir nicht unmittelbar bedroht waren, lebten wir in einem ständigen Alarmzustand, fast so, als wollte man prüfen, wie unsere Nerven auf die Anspannung reagierten. Der größte Stress war es, für angekündigte nächtliche Übungen aus dem Schlaf gerissen zu werden. Obwohl ich bereits an eine bestimmte Härte gewöhnt war, erlebte ich in der Armee eine neue Stufe der Brutalität, weil nicht selten darauf abgezielt wurde, die Rekruten durch Erniedrigung zu disziplinieren. Am schlimmsten terrorisierte uns der Feldwebel, der für die Ordnung im Camp zuständig war: Wehe, man wurde ohne Mütze erwischt oder vergaß zu grüßen, wenn er vorüberkam. Sofort setzte es eine Meldung und, nach einer kurzen Verhandlung, die Strafe: Bei leichteren Vergehen musste man mit einer Ausgangssperre oder mit Wachdienst am Wochenende rechnen, schwerere Verstöße wurden mit einigen Tagen Arrest bestraft. Trotz des repressiven Klimas war unsere Moral gut. Bei den Märschen wurde aus Leibeskräften gesungen, oder wir heckten Tricks aus, wie Strafmaßnahmen zu umgehen wären.

Die meisten Tage waren überaus anstrengend: Wecken im Morgengrauen, zum Frühstück eine Tasse scheußlichen, mit Süßstoff gesüßten Tee sowie ein paar Mineralsalztabletten, dann luden wir uns, noch schlaftrunken, die Tornister auf, Zelt, Decke und Gewehr, und marschierten in einer Reihe in die Wüste hinaus, wo das Thermometer bald auf vierzig Grad steigen würde. Besonders streng wurde auf Disziplin beim Umgang mit Wasser geachtet. Trinken durfte man nur mit besonderer Erlaubnis und in kleinen Schlucken. Ich hielt mich meist am Ende der Marschkolonne auf, um den Schwächeren beizustehen. Dass anderen zu helfen eine Pflicht war, hatte ich im Kibbuz gelernt. Wir Kibbuzkinder waren zu Solidarität erzogen worden, und wir bemühten uns, gerade in diesem rauen Umfeld, in dem einem alles abverlangt wurde, weiter danach zu handeln. Meist trafen wir erst in der Dämmerung beim vorgesehenen Ziel ein und schlugen dann rasch noch das Lager auf, bevor die Nacht hereinbrach.

Nicht selten gab es Momente, in denen ich glaubte, den Strapazen nicht länger gewachsen zu sein. Um neue Kraft und neuen Mut zu finden, lief ich in den Pausen gern zur anderen Lagerseite hinüber und nahm durch den Stacheldrahtzaun, der uns von den männlichen Soldaten trennte, Kontakt zu meinem Freund auf, der dort mit der Ausbildung der Rekruten beschäftigt war. Wir begrüßten uns nur rasch mit einem Kuss durch den Zaun, und schon rannte ich wieder zurück an meinen Platz. Auch als Rekruten durften wir die Bar aufsuchen, wo wir Getränke bekamen und uns mit Schokolade und Keksen eindeckten. So viel Schokolade wie in diesen Wochen habe ich später nie wieder gegessen. Heute weiß ich, dass sie eine Substanz enthält, die beruhigend wirkt, und unter diesem Druck hatte ich das bitter nötig.

Ich stellte fest, dass ich sowohl physisch als auch psychisch ausgesprochen zäh war, konnte es aber dennoch kaum erwarten, bis die Ausbildungszeit beendet war. In all den Monaten bekamen wir nur ein einziges freies Wochenende. Anfangs litt ich furchtbar unter Heimweh, doch mit der Zeit gewöhnte ich mich an die Trennung von der Familie und vom

Kibbuz, ebenso wie an die militärischen Abläufe. Aber ich sah ungeduldig der Versetzung in eine normale Einheit entgegen, wo die physischen Anforderungen geringer, die Aufgaben klarer verteilt und die Freiheiten größer waren. Dann endlich war es soweit: In einer feierlichen Zeremonie, die vor Verwandten, Offizieren und Regierungsvertretern abgehalten wurde, marschierten wir mit stolzgeschwellter Brust in untadeligen Uniformen vor der Ehrentribüne auf. Die Rekrutenabzeichen wurden abgelegt, und jeder heftete sich die Abzeichen des neuen Bataillons an Mütze und Ärmel. Nun waren wir echte Soldaten und konnten, falls es erforderlich war, in den Krieg ziehen, um unser Land zu verteidigen.

In meinem Kibbuz hätte man es gern gesehen, wenn ich meine militärische Laufbahn fortgesetzt und an einem Kurs für Offiziersanwärter teilgenommen hätte. Doch ich selbst war unsicher. Hin und her gerissen zwischen meinen eigenen Plänen, nämlich mich für Abendkurse für angehende Lehrer einzuschreiben, und den Wünschen des Kibbuz, fand ich einen Kompromiss, mit dem alle leben konnten. Ich meldete mich für die Prüfungen für Offiziersanwärter und bestand sie auch, sehr zur Freude der Verantwortlichen im Kibbuz. Gleichzeitig besuchte ich die von der Armee angebotenen Abendkurse und stellte damit meine eigenen Interessen in den Vordergrund, wobei ich erneut das Gefühl hatte, auf dem Prüfstand zu stehen, diesmal auf intellektuellem Gebiet. Meine noch nicht überwundene Unsicherheit gab mir das Gefühl, stets aufs Neue vor mir und vor anderen meine Fähigkeiten unter Beweis stellen zu müssen.

Unter den Alternativen, die mir die Armee nun anbot, entschied ich mich für eine Stelle in der Nähe von Tel Aviv, nicht zuletzt, um meiner Mutter und der Familie näher zu sein. Fortan arbeitete ich in einem Camp für Reservisten, Zivilisten also, die alle drei Monate für drei Tage sowie einmal im Jahr für einen ganzen Monat zu Übungen zusammenkamen, um ihre Kenntnisse und Fähigkeiten auf dem neuesten Stand zu halten. Ich hatte mich um die Büroarbeit zu kümmern, schrieb die Reservisten an, organisierte die Termine und hatte vor allem dafür Sorge zu tragen, dass im Kriegsfall jeder innerhalb von vierundzwanzig Stunden bei seiner Einheit sein konnte, um einem Angriff zu begegnen. Eine organisatorische Aufgabe, die Pünktlichkeit und Genauigkeit verlangte, bei der aber auch Kreativität und zwischenmenschliche Beziehungen nicht zu kurz kamen. Anhand der Berichte der Reservisten, die in meinem Büro vorsprachen, erhielt ich eine Fülle neuer Einblicke. Ein jeder erzählte mir von seinen Problemen – mit der Ehefrau, mit der Familie, mit der Arbeit, und ich versuchte, jedem entgegenzukommen, wobei ich lernen musste, die verschiedenen Schwierigkeiten gegeneinander abzuwägen. Abends besuchte ich die Schule und studierte eifrig Psychologie und Pädagogik, wobei mir die Richtung, die mein Leben und meine berufliche Entwicklung nehmen sollten, immer deutlicher wurde.

Es war nicht leicht, auf intellektuellem Gebiet an Selbstsicherheit zu gewinnen. Da das Schulsystem im Kibbuz keine Prüfungen oder Noten vorsah, war es schwer zu überblicken, wie es um den eigenen Leistungsstand bestellt war. In der Abendschule wurden die Leistungen ständig anhand mündlicher und schriftlicher Prüfungen beurteilt, was mich anregte und es mir möglich machte, meine wahren Fähigkeiten zu entdecken.

Meine Psychologielehrerin war eine deutsche Jüdin, eine äußerlich wenig attraktive Frau mit einem gedrungenen Körper und einem Gesicht mit hängenden Wangen. Doch wenn sie sich voller Hingabe über ihr Fachgebiet verbreitete, verwandelte sie sich und wurde fast schön. Vor mir öffnete sich eine faszinierende neue Welt, die mir half, mich selbst und andere Menschen besser zu verstehen. Es fiel mir leicht, den Stoff zu bewältigen, so als müsste ich nur etwas ans Licht bringen, was seit jeher in mir schlummerte.

In meiner Abteilung arbeiteten Männer und Frauen Seite an Seite. Hier trennte uns kein Stacheldraht wie in der Ausbildung, und ich hatte vielfältige Möglichkeiten, neue Freundschaften zu schließen, sei es mit Offizieren, Soldaten oder Soldatinnen. Es herrschte ein Trubel, der mich manchmal überforderte, doch ich hatte ja noch meinen festen Bezugspunkt, den Kibbuz. Dorthin kehrte ich an den Wochenenden gern zurück, um mein inneres Gleichgewicht wiederzufinden und mich auszuruhen, vor allem um zu schlafen, denn in der Arbeitswoche waren die Nächte allzu kurz. Doch mit der Zeit sah ich im Kibbuz immer weniger mein wahres Zuhause. In gewisser Hinsicht war er für mich zu einer Institution geworden, die mit gar zu anspruchsvollen Eltern, die immer Höchstleistungen von ihren Kindern verlangen, vergleichbar war. Ich aber verspürte das Bedürfnis, mein Leben in größerer Freiheit zu genießen.

Es war eine stürmische Zeit, in der ich mit viel Enthusiasmus bei der Sache war: Nach den acht Stunden Büroarbeit hastete ich los zu den vier Stunden Abendunterricht, und nicht selten war ich danach noch zum Wachdienst im Lager eingeteilt. Aber ich war bester Dinge, fühlte mich schön und stark, sah optimistisch in die Zukunft und entdeckte jeden Tag neue Seiten an mir. Und ich war ständig verliebt: in Männer, ins Leben, in die Überraschungen, die das Leben für mich bereithielt.

Die Beziehungen zu meinen Kameradinnen waren auch immer enger geworden, und wenn wir zusammen waren, sprudelten die Erzählungen wie ein Fluss, der Hochwasser führt. Wie es schon im *Talmud* heißt: »Von zehn Maßen Geplauder, das der Gattung Mensch gegeben ist, haben die Frauen neun für sich genommen«, und in der Kaserne herrschte an Anlässen für Klatsch und Tratsch sicher kein Mangel.

Besonders gut befreundet war ich mit Judith, einem schönen Mädchen mit dunklem langen Haar, das sie stets zu einem Pferdeschwanz gebunden trug. Ihre Augen waren groß und so schwarz wie Kohle. Judith kam aus dem Irak und erzählte mir von ihrer Familie, der Not, in der sie in Bagdad gelebt hatten, der schwierigen, mühseligen Auswanderung nach Israel. Nach dem Tod ihrer Mutter war ihr die Aufgabe zugefallen, den tyrannischen Vater zu pflegen, und nun war sie glücklich, einen Platz in der Armee gefunden zu haben, um so der belastenden familiären Situation zu entkommen. Angesichts ihrer Erfahrungen mit Männern kam ich mir wie ein unbedarftes kleines Mädchen vor. Aber ihre Erzählungen reizten mich und machten mich neugierig. Im Grunde faszinierten mich alle meine neuen Freundinnen, die aus so verschiedenen Ländern kamen: Indien, Marokko, Rumänien, Russland ... Die in Israel geborenen Mädchen, so genannte *Sabre,* waren rasch zu erkennen an ihrer leicht arroganten Art, ihrer Naivität und, so schien es zumindest, der Einfachheit ihrer Gedanken und der Unkompliziertheit im Umgang mit ihren Mitmenschen: Probleme schienen sie nicht zu kennen. Wieder einmal spürte ich auch hier meine doppelten Wurzeln: Ich war in Damaskus geboren und zählte dadurch zu den »Ausländerinnen« aus aller Herren Länder. Doch aufgewachsen war ich im Kibbuz mit einer perfekten israelischen Erziehung, wodurch ich fast schon eine waschechte *Sabre* war. Ich stand gleichzeitig auf mehreren Seiten, und es berauschte mich, immer wieder Neues auszuprobieren und von allem etwas anzunehmen. Wurde ein Fest gefeiert, machte ich mich exzentrisch zurecht, wozu ich mir gerne Kleider von meiner Schwester ausborgte. Wenn ich mir die wenigen Fotos anschaue, die mir aus jener Zeit geblieben sind, habe ich Mühe, mich zu erkennen. Ich kann nicht leugnen, dass es eine provokante, exhibitionistische Masal gab, auch wenn ich mich nach den Festen in dieser Masal kaum wiedererkannte und mich sogar ein wenig schämte. Tief in meinem Innern war mir klar, dass ich noch viel an mir würde arbeiten müssen.

Ich war eine unreife Frucht, eine Blüte, die sich zu öffnen versuchte, und die Sexualität, die Liebe waren die Mittel, mit denen ich suchte, entdeckte, verstehen lernte. Wenn ich meine Wirkung auf Männer testete, die mich nicht kannten, spürte ich, dass meine Anziehungskraft beträchtlich war. Ich musste aufpassen, dass ich mich nicht selbst verlor und eine bestimmte Grenze nicht überschritt. Aber wer wusste damals schon, wo diese Grenze lag? Ich erinnere mich an das Fest aus Anlass des zehnjährigen Bestehens des Staates Israel. Uns allen kam die Staatsgründung immer noch vor wie ein Traum, ein unglaubliches Wunder. Und es wurde ein überwältigender Tag. Aus allen Richtungen strömten die Menschen in Tel Aviv zusammen, und ganz Israel tanzte und sang wie ein einziges Wesen, eine einzige Seele. Man tanzte *Horah,* in Kreisen von allen möglichen Ausdehnungen: riesig auf den noch baumlosen Plätzen, klein in den Gassen der noch im Bau befindlichen Städte. Direkt gegenüber von mir, im Ring der feiernden Menschen, die sich unermüdlich drehten, fiel mir ein vielleicht zwanzigjähriger Soldat auf, groß, blond, mit blauen Augen und einer gesunden Gesichtsfarbe, ein echter *Sabre.* Er starrte mir ganz *dugri* (»sehr direkt« auf Arabisch) in die Augen und nahm mich gefangen mit diesem arroganten, dreisten Blick, in dem ein glühendes Verlangen lag. Schon stand er neben mir und drückte meine Hände. Es war ein spontanes Einverständnis, das uns in tiefer Nacht an den Strand führte, wo wir redeten und uns liebten bis zum Morgengrauen. Als wir aufwachten, verschwand er aus meinem Leben und machte einer anderen Verliebtheit Platz.

Als ich an einem Wochenende in Tel Aviv bei meinen neuen Freunden geblieben war, beschlossen wir nach einem Fest, nach Elat zu fahren. Zu jener Zeit war es sehr gefährlich, die

Wüste zu durchqueren, und niemand wagte es ohne Begleitschutz, noch dazu mitten in der Nacht. Doch entflammt von dieser Idee, brachten wir zwei Kameraden dazu, ihren Kleinlaster zur Verfügung zu stellen, und nach Mitternacht verließen wir Tel Aviv: Im Führerhaus nahmen die Besitzer Platz, der Mann am Steuer, seine Frau auf dem Beifahrersitz, und hinten auf der Ladefläche machten wir es uns so gut es ging auf einer Wolldecke bequem, »wir«, das waren ich und mein Freund, den ich gerade erst erobert hatte, und dessen Freund Daniele, der seinen Militärdienst bereits abgeleistet hatte und vor seinem Juraexamen stand. Dieser Student flachste die ganze Zeit mit mir und machte mir scherzend den Hof. Die Lichter von Tel Aviv blieben zurück, und der matte Lichtschein der Dörfer auf den Hügelchen, die die Straße nach Beer Sheva säumten, tauchten auf.

So wagten wir uns in die Wüste vor und gelangten nach Mizpe Ramon, das aus zwei, drei Baracken bestand, umfangen von Stille. Vor uns breitete sich, im Dunkeln bedrohlich wirkend, die Schlucht von Makhtesh-Ramon aus, und dahinter die Arava, die Wüstensenke, die nach Elat führt. Die Gespräche verebbten: In der Dunkelheit tasteten sich die Lichtkegel der Scheinwerfer voran, und das Brummen des Motors wurde immer lauter. Mein naiver Freund war bald schon eingeschlafen, ohne etwas vom Knistern zwischen seinem Freund und mir mitzubekommen. Ich lag zwischen den beiden und stellte mich schlafend, und es dauerte nicht lange, bis Daniele ganz langsam seine Hände unter die Decke, die wir uns übergeworfen hatten, gleiten ließ und begann, sich über meinen matten Widerstand hinwegsetzend, mich ganz behutsam zu streicheln. Durch die Wärme seiner Hände und die Situation war ich so erregt, dass ich seinen Liebkosungen und Küssen bald schon nachgab.

Bis zum Morgen blieben wir wach. Als wir endlich an unserem Ziel ankamen, kletterten wir, gerädert von der Fahrt und der schlaflosen Nacht, aus dem Lastwagen. Das Bild, das sich nun unseren Blicken bot, nahm uns den Atem: Das Rote Meer mit seinen intensiven Farben, die felsigen Berggipfel der Wüste, nicht weit entfernt Aqaba und die Gebirgskette Arabiens. Elat war damals nur ein Wüstennest mit ein paar rasch zusammengezimmerten Hütten. Wir tranken einen Mokka und stürzten uns dann ins Meer, umringt von Fischen in schillernden Farben. Es war alles so betörend, dass wir in den ersten Augenblicken das Gefühl hatten, all diese Wunder der Schöpfung gehörten nur ganz allein uns. Hier überkam es mich wie eine Erleuchtung, dass das jüdische Volk die *Thora* nur hier, in der Wüste von Sinai, empfangen haben konnte.

Dem Spiel der Verführung gab ich mich mit Leidenschaft hin. Es war so leicht, sich zu verlieben und Männer verliebt zu machen. Ich handelte viel, dachte wenig nach, und es kümmerte mich kaum, wohin mich dieser Trieb, den ich in mir spürte, noch führen würde.

Eines Tages wurde der Offizier, der meinem Büro vorstand, von einem vielleicht dreißigjährigen Mann abgelöst. Er hieß Moshe und war mittelgroß, mit pechschwarzen Augen, fleischigen Lippen und einem dichten Schnurrbart, sein Gang war geschmeidig, er redete wenig und war Kettenraucher, die Finger seiner rechten Hand waren gelb von Nikotin. Eine geheimnisvolle Aura umgab ihn. Er kam aus Ungarn und hatte Auschwitz überlebt: Die auf seinen Arm tätowierte Nummer gab stummes Zeugnis davon. Respektvoll hatte man sich in Israel angewöhnt, Überlebenden des Holocaust keine Fragen zu stellen.

Moshe war anders als die Männer, die ich bisher kennen gelernt hatte, und seine Blicke brachten mich von Anfang an in große Verlegenheit.

Ich fühlte mich unwohl, versuchte seinem eindringlichen Blick auszuweichen und konzentrierte mich ganz auf die Vorgänge im Büro, was mir nicht schwer fiel angesichts der Tatsache, dass er mir bei der Erledigung meiner Aufgaben vollkommen freie Hand ließ. Er selbst schien keine große Lust zum Arbeiten zu haben. Doch ständig fühlte ich diesen Blick auf mir ruhen, sogar wenn ich in einem anderen Raum war. Mit Gleichmut und Geschick schaffte er es aber, dass ich mich immer mehr entspannte und mir nicht länger wie ein Tier in der Falle vorkam. Er wurde immer freundlicher und begann, sich mit mir zu unterhalten.

Er erzählte mir, dass er sich nach Kriegsende auf der Exodus eingeschifft habe, die ihn zusammen mit anderen Überlebenden aus den Konzentrationslagern nach Palästina bringen sollte. Doch rund sechzig Seemeilen von der Küste Israels entfernt brachten die Engländer das Schiff auf und schickten die Menschen zurück, zunächst nach Zypern, wo Moshe dann bis 1948 in einem Flüchtlingslager blieb. Nach der Unabhängigkeitserklärung reiste er nach Israel ein und wurde schon bald zum Kampf an die Front geschickt. Nach dem

Krieg beschloss er, seine militärische Laufbahn fortzusetzen. Ich fühlte mich angezogen, oder vielleicht auch unterworfen, von seiner ambivalenten Persönlichkeit: Manchmal erweckte er den Eindruck, sich zu öffnen, um gleich darauf eiserne Distanz zu wahren. Ohne dass ich es richtig merkte, war ich dabei, mich in ihn zu verlieben.

Während einer Wache, die zweifellos er selbst organisiert hatte, fanden wir uns zusammen in einer Baracke wieder. Auf einer auf dem Boden ausgebreiteten Decke liegend liebten wir uns, leidenschaftlich, wild, zügellos. Doch mir war nicht ganz wohl nach diesem ersten Mal. Ich hatte das Gefühl, unser Spiel liege allein in seiner Hand. Noch eine ganze Weile zog sich die Beziehung hin, und dabei entwickelten sich die nächtlichen Treffen und die Gedanken an ihn immer mehr von einem Vergnügen zu einer wahren Besessenheit. Einmal meinte er, als wir beieinander lagen, zu mir: »Du wirst noch viele Männer um den Verstand bringen.« Seine Stimme zeigte keine Gefühlsregung, ich erschrak und verstand nicht, was er mir damit zu verstehen geben wollte. Aber ich fragte nicht nach und verlangte auch keine Erklärung. In mir schrillten die Alarmglocken, und ich begann, mich von ihm zu distanzieren. Aus einiger Entfernung konnte ich ihn nun genauer beobachten und registrierte ganz nüchtern sein stets düsteres, nie lächelndes Gesicht sowie die übermäßige Kontrolliertheit seiner Gefühle. Seine beherrschten Bewegungen gaben ihm etwas Mechanisches und ließen ihn weit entfernt erscheinen von einem normalen Leben und den natürlichsten Empfindungen. Ich begann, mir über seine schrecklichen Erfahrungen im Vernichtungslager und die Hölle, die er dort durchlebt haben musste, Gedanken zu machen. Noch zu jung, um es richtig zu verstehen, quälte ich mich mit Fragen und konnte mir keinen Reim darauf machen, was er tatsächlich von mir wollte. Sein Verhalten, dem jede Zärtlichkeit fehlte, schreckte mich ab, und so beendete ich nach einigen Monaten die Beziehung mit dem Ergebnis, dass ich fortan eine Erfahrung mit mir herumschleppte, bei der nicht alles geklärt war: Er hatte nie auch nur ein einziges Wort über Auschwitz verloren.

Das Schicksal half mir, meine Aufmerksamkeit in eine andere Richtung zu lenken. Eines Abends bestellte mich der kommandierende Oberst in sein Büro und fragte, ob ich ihn in die Wüste begleiten wolle, wo einige Manöver abgehalten wurden. Es war kein Befehl, sondern eine freundschaftliche Bitte, sehr schmeichelhaft für eine einfache Soldatin wie mich. Und es war genau das, was ich im Moment brauchte, eine hervorragende Gelegenheit, meinem direkten Vorgesetzten aus dem Weg zu gehen. In fünf Minuten packte ich meinen Rucksack und war bereit, für ein paar Tage wegzufahren. Der Oberst war über vierzig, hatte den Unabhängigkeitskrieg mitgemacht, in der Palmach gekämpft und zählte zu den Gründervätern der israelischen Armee. Er stammte aus Russland und war ein gebildeter, höflicher Mensch. Mit seiner hellen Haut voller Sommersprossen litt er unter der stechenden israelischen Sonne, die ihm die Lippen aufplatzen ließ, was ihn dazu nötigte, ständig mit der Zunge darüber zu fahren. Vom ersten Augenblick war er sehr um mein Wohlergehen besorgt, und je weiter wir Tel Aviv und Beer Sheva hinter uns ließen, desto vertrauter wurden wir miteinander. Er erzählte mir von seinem Leben, von seinen erwachsenen Kindern, von seiner zweiten Ehe und seinem gerade erst zur Welt gekommenen Jüngsten, erkundigte sich auch nach meinem Leben und hörte aufmerksam zu, wenn ich erzählte. Die Nacht brach rasch herein, die Wüste wurde dunkel und bedrohlich und ließ tiefverwurzelte Ängste, die von der Flucht aus Syrien in Kindertagen herrührten, wieder aufsteigen. Um meine Anspannung zu überspielen, bemühte ich mich, möglichst ungezwungen zu reden, erzählte vom Kibbuz, vom Militärdienst, von meiner Schulzeit. Es entspann sich eine Nähe, die intensiv war, aber ohne Hintergedanken: Gern hätte ich meinen Kopf auf seine Schulter gelegt, um ein wenig Ruhe zu finden und die Angst zu vertreiben. Ich fühlte mich wie bei einem Vater, einem Freund. Ich wusste nicht, ob dieses Gefühl nur meiner Einbildung entsprang oder ob er es teilte, doch auf dieser vierstündigen Fahrt entstand eine Bindung, die Bestand haben sollte.

Bald schon wurde ich Unteroffizier, zum Glück allerdings nicht militärischer Verdienste wegen, denn wir befanden uns im Frieden. Ich war mächtig stolz darauf, auch wenn ich jetzt gar nicht mehr richtig benennen könnte, worauf sich dieser Stolz gründete. Ich weiß aber, dass Soldaten und Soldatinnen in Israel ein wesentlicher Bestandteil der Gesellschaft sind. Die Menschen lieben sie, und sie werden beschützt durch ihre Uniform, auch wenn sie nicht im Dienst sind. Ja, es ist ein seltsames Land, man spricht hundert verschiedene Sprachen, rückt aber in Momenten großer Gefahr oder großer Freude ganz fest zusammen. Danach allerdings schwindet diese brüderliche Verbundenheit wieder, und an ihre Stelle treten die alten sozialen oder religiösen Zwistigkeiten aller Art. Ist der Notfall oder das Fest vorbei, beginnt ein jeder wieder für sein persönliches Fortkommen zu kämpfen.

In den zwei Jahren meines Militärdienstes gelang es mir, zahlreiche Bruchstücke meiner Identität zusammenzufügen. Ich entdeckte, woran ich Spaß hatte und was ich einmal machen wollte. In meiner Freizeit hörte ich Konzerte in der gerade fertig gestellten Philharmonie in Tel Aviv, besuchte Museen und Kunstausstellungen ebenso wie Theateraufführungen, kurz, ich tat etwas für meine kulturelle Weiterentwicklung.

Die Tatsache, dass ich in Tel Aviv wohnte, ermöglichte es mir, engeren Kontakt zu meiner Mutter, meinen Brüdern und meinen Schwestern zu halten. Meine Mutter lebte mittlerweile allein. Die Familie hatte sich in alle Richtungen zerstreut; die Kinder hatten nacheinander geheiratet, das Haus verlassen und selbst Kinder bekommen, und so waren für meine Mutter die Tage leer geworden. Immer deutlicher wurde ihr einziger Lebensinhalt das Warten, ein Warten, das dermaßen ausschließlich und absurd war, dass es schon an Besessenheit grenzte: Tag für Tag, unablässig, tat sie nichts anderes, als bangen Herzens ihrer Kinder zu harren.

Die Großeltern waren im Abstand von wenigen Monaten gestorben, bis zum letzten Augenblick ihrer Obhut und Pflege zu Hause anheim gegeben. Am Ende ihrer Tage spürte meine Großmutter das Herannahen des Todes, und immer öfter hörte man sie rufen: »Sie kommen mich holen!«, so als befände sie sich bereits in einer anderen, von Truggestalten ihrer Fantasie bewohnten Welt. Großvater verließ uns nicht lange danach, er starb in den Armen meiner Mutter, die ihm – wie einem kleinen Kind – dabei half, ein wenig warme Milch gegen seinen Husten zu trinken. Meine Großeltern waren beide überzeugt, dass ihre Verbindung auch über den Tod hinaus bestehen würde. Trotz ihrer großen Armut, an der sich nie viel geändert hatte, konnten sie sich ein Grab auf dem Friedhof von Tel Aviv kaufen, um dort nebeneinander begraben zu werden. Auch meine Mutter erwarb später einige Quadratmeter Boden, der an den ihren grenzte, in der Gewissheit, nach ihrem Tod zu ihren Eltern heimzukehren. Eine natürliche, beruhigende Vorstellung. Meine Mutter verschied im Januar 1990. Die Nachricht ereilte mich in Italien. Im Gedenken an ihren letzten Wunsch machte ich mich zur Synagoge von Mailand zum *Kaddisch* auf, zum Gebet für die Verstorbenen, und streifte dann lange ziellos durch die Stadt, verloren inmitten all der Menschen: Ich war eine Waise.

X
Die Heirat

Mittlerweile, es waren zehn Jahre seit der Proklamation des Staates Israel vergangen, hatte der Zustrom von *Olim*, von neuen Einwanderern also, Schwindel erregende Ausmaße angenommen. Zu den Überlebenden der *Schoah* aus ganz Europa hatten sich Juden aus den verschiedensten nordafrikanischen und orientalischen Ländern gesellt, Iraner, Marokkaner, Ägypter, Syrer, Tunesier, Libanesen. Die meisten von ihnen hatten ihr Hab und Gut zurücklassen müssen, um das nackte Leben zu retten. Weitere Juden erreichten Israel aus allen Teilen der Welt und erfüllten so, getragen von einem mächtigen zionistischen Ideal und einer unsagbaren Begeisterung, die *Alija,* wörtlich »Aufstieg«, also die Heimkehr ins Land der Väter. Zurück ließen sie Geld, Arbeitsplätze, Ämter, wurden herausgerissen aus lieb gewordenen Gewohnheiten und familiären Bindungen und stellten sich allen Widrigkeiten, um nach zweitausend Jahren Exil ein neues jüdisches Vaterland aufzubauen. Ein Wahnsinn, wenn man es sich recht überlegte. Aber wie sagt doch ein jiddisches Sprichwort: »Ohne die Verrückten, die schaffen und aufbauen, wäre die Welt eine Wüste.«

Jeder Jude, der heimkehrte, erhielt im gleichen Moment, in dem er einen Fuß auf israelischen Boden setzte, die Staatsbürgerschaft des Landes, eine absolut unübliche Maßnahme verglichen mit historischen Vorbildern. Und jede Gruppe brachte ihre eigenen religiösen und kulturellen Sitten und Gebräuche mit, vor allem auch ihre Sprache, so dass an diesem kleinen Stückchen Erde mindestens hundert verschiedene Sprachen zusammenflossen, die neben der einen neuen Sprache, dem Hebräischen, weiter bestanden.

Ich verliebte mich in einen jungen Italiener, der beschlossen hatte, an der Kibbuz-Idee mitzuarbeiten, und der mit seiner Gruppe dem Kibbuz Tel-Amal (Nir-David) im Bet-Shean-Tal zugewiesen worden war.

Er war groß gewachsen, sah gut aus, war intelligent und erfüllt von zionistischen und sozialistischen Idealen. Alles Neue faszinierte ihn, und er fand im Klima Israels jener Jahre viele entscheidende Anregungen. Uns verband eine gemeinsame Liebe zu Kindern, zur Psychologie, zu Musik, Gesang und Tanz. Wir unterhielten uns vor allem mit den Augen, mit Händen und Mimik, durchsetzt hier und da von ein paar holprigen Worten Englisch.

Neugierig machte mich auch eine auffallende weiße Haarsträhne, die mitten in seinem schwarzen Haarschopf prangte. Eines Tages fand ich endlich den Mut, ihm behutsam Fragen zu seiner Vergangenheit zu stellen. Ich wollte mehr über ihn erfahren, und er zögerte nicht, mir seine Geschichte zu erzählen.

Während des Krieges hatte er mit seiner Familie in einem

Bauernhaus auf dem Land bei Triest Unterschlupf gefunden, bis sich die Situation mit dem Beginn der Deportationen durch die Deutschen weiter zuspitzte. Nachdem SS und italienische Faschisten zunächst jene Juden, die in den Städten verblieben waren, aufgespürt und fortgeschafft hatten, machten sie sich bald daran, das umliegende Land mit allen Dörfern und Klöstern zu durchkämmen. Glücklicherweise erhielt Marcos Vater eines Tages über einen Freund die lebensrettende Information, dass es anderntags wieder eine Razzia geben sollte und ihre Namen ganz oben auf der Liste der Gesuchten standen. So brachen Vater, Mutter und die beiden Söhne Marco und Giovanni, die damals neun und sechs Jahre alt waren, Hals über Kopf Richtung Schweiz auf, der letzten Hoffnung zahlreicher flüchtender Juden. Die Reise war kompliziert und beschwerlich, ständig gab es neue Schwierigkeiten und Unterbrechungen, die Angst wuchs, und die Fahrt wollte und wollte kein Ende nehmen. Dennoch schafften sie es irgendwie, Mailand zu erreichen. Doch kaum in den Mailänder Bahnhof eingefahren, standen zwei SS-Männer in der Abteiltür, um alle Passagiere und ihre Ausweise zu kontrollieren. Trotz ihrer gefälschten Papiere war Marcos Familie vor Angst, entdeckt und festgenommen zu werden, wie gelähmt. Nur die Mutter zeigte sich geistesgegenwärtig und nahm, mit dem Mut der Verzweiflung, Zuflucht zu einem Ablenkungsmanöver. Sich ihrer attraktiven Erscheinung bewusst, begann sie, äußerst liebenswürdig mit den Soldaten zu plaudern. Die jungen Männer waren derart verwirrt, dass sie bald schon die Papiere zurückreichten und sich, Komplimente an die Signora richtend, verabschiedeten.

Nun konnten sie den Zug nach Como nehmen und erreichten auch den Treffpunkt mit dem Schmuggler, der sie, gegen eine beträchtliche Summe, über die Grenze bringen sollte. Die Flucht glückte, doch die Furcht ließ Marco nie mehr los und prägte sich auch seinem Körper ein: An jenem Abend war ein Büschel seiner Haare für immer weiß geworden.

Im Laufe der Zeit erzählte mir Marco noch von vielen anderen Erlebnissen aus jenen Jahren: Da war die Trennung von seinen Eltern, da war das Dorf, wo er in einer Art Kolleg Aufnahme fand, dann, nach Kriegsende, die Rückkehr nach Triest, wo sie niemanden mehr antrafen von ihren Tanten und Onkeln, Großeltern, Vettern und vielen, vielen Freunden, die alle in den Gaskammern von Auschwitz ermordet worden waren.

Während ich ihm zuhörte, dachte ich darüber nach, dass ich selbst eine ganz ähnliche Flucht erlebt hatte. Diese Tatsache sollte dann auch ein starkes Band zwischen uns entstehen lassen, etwas anderes als das, was ich von den jungen israelischen *Sabre* erwarten konnte, die vor zu engen emotionalen Beziehungen zurückschreckten. Marco liebte es, von den komplizierten Wechselfällen meines Lebens zu hören, er wollte mich wirklich kennen lernen, und ich hatte nur darauf gewartet, einem solchen Menschen zu begegnen. Damals wusste ich schon, dass die Geschichte der kleinen Tune für mich auch ein Mittel sein konnte, um einen Mann zu verführen. Ich bot ihm sozusagen ein kleines, zartes Mädchen an, das leichter zu lieben war, als die energische, unabhängige Masal. Dass meine innere Stärke nach der ersten Zeit der

Verliebtheit für die Beziehung hinderlich sein könnte, war mir also bereits klar, niemals hätte ich aber gedacht, zu welchen Kämpfen sie führen würde. Naiverweise war ich überzeugt, einem Mann, der die Geschichte der kleinen Tune liebte, voll und ganz trauen zu können, und vermochte mir nicht vorzustellen, dass ich ihm auf diese Weise meine verwundbarste Stelle zeigte und dass ich gerade dort, lange Zeit später, die brutalsten Schläge würde ertragen müssen. Doch was ist die Liebe, wenn nicht ein Sich-Öffnen dem anderen gegenüber mit all unseren Schwächen?

Bald schon war klar, dass der Kibbuzalltag mit den Arbeiten auf dem Feld und im Stall mit Marcos Vorstellungen vom Leben nicht zusammenpasste. Auch auf Grund seiner dürftigen Hebräischkenntnisse fühlte er sich zunehmend unwohl, da sein Kontakt zu anderen Menschen, aber auch das Lesen und Studieren, erheblich beeinträchtigt waren.

An den langen Sommerabenden, wenn wir irgendwo beieinander auf einer Wiese lagen, erzählte er mir voller Sehnsucht von Italien und seiner Heimatstadt Triest, die er mir in allen Einzelheiten beschrieb: die Gebäude, die Cafés, die Wanderungen im nahen Karst, die nächtlichen Spritztouren von Opicina zum Hafen – den Blick auf die Lichterkette gerichtet, die sich wie glitzernde Perlen im Wasser des Golfs spiegelten. Oder er stimmte italienische Lieder an, von Modugno, Rascel und anderen, übersetzte sie für mich und brachte sie mir bei.

Nach anderthalb Jahren beschloss er, nach Italien zurückzukehren, um dort sein Studium abzuschließen. Er fragte mich, ob ich ihn heiraten wolle, damit wir zusammenbleiben könnten. Die Vorstellung, erneut eine Trennung von einem geliebten Menschen verkraften zu müssen, war mir unerträglich, und so sagte ich Ja. Schon wenige Tage später standen wir Seite an Seite unter der *Chuppa,* dem Hochzeitsbaldachin, bei dem es sich in unserem Fall um eine israelische Flagge handelte.

Die Zeremonie wurde von einem wunderbaren betagten Rabbi vorgenommen, einem zierlichen Mann mitteleuropäischer Herkunft mit einem langen weißen Bart und strahlenden, lebhaften Augen, die neben Intelligenz eine tröstliche Wärme ausstrahlten. Nur ein Dutzend Kibbuzbewohner in ihrer Arbeitskleidung nahm daran teil, ein Freund aus Triest hatte zwei ganz einfache Trauringe für uns besorgt. Wir waren erfüllt von Liebe und Begeisterung, und alles, was kommen mochte, schien uns leicht zu bewältigen. Erst als ich unter der *Chuppa* stand, der Rabbi die Trauungsformel sprach und mein junger Bräutigam im Gedenken an die Zerstörung des Tempels von Jerusalem das Glas zerbrach, spürte ich plötzlich eine Aufwallung tiefer, mit der Geschichte unseres Volkes verwurzelter Gefühle. Auch in freudigen Momenten dürfen wir Juden niemals die Zerstörung des Tempels vergessen, mit anderen Worten unsere lange, lange Leidensgeschichte.

Der Boden unter meinen Füßen schwankte, und um den Kontakt zur Wirklichkeit nicht ganz zu verlieren, sagte ich mir immer wieder: »Masal, du heiratest!« Davon sprach auch der Rabbi – mit tiefer Stimme und imponierender Ausstrahlung. Nur mit größter Mühe gelang es mir, die Tränen, die mir die Kehle zuschnürten, zurückzuhalten, nicht die Fassung zu verlieren und diesen besonderen Augenblick bewusst zu erleben. In unserem Dorf sah man in der Ehe eigentlich nicht mehr die unverzichtbare Voraussetzung für das Zusammenleben von Mann und Frau, und die Freunde um uns herum waren der Ansicht, es sei ziemlich egal, ob man nun heiratete oder nicht. Dennoch spürte ich, dass dieses Ereignis archaische Gefühle ans Tageslicht brachte, und dieser große kleine Rabbiner aus Afula rief sie in mir wach, damit ich das Band zur Geschichte des jüdischen Volkes und dieses Landes nicht abreißen ließ.

Abends organisierten die *Chawerim* für uns ein kleines Fest auf der grünen Kibbuzwiese. Bis in die tiefe Nacht blieben wir draußen, sangen und tanzten, wobei sich in das israelische Liedgut immer wieder traditionelle und aktuelle italienische Lieder mischten. In der Nacht tat ich kein Auge zu. Die Ereignisse des Tages jagten mir durch den Kopf, und ich versuchte, sie festzuhalten und ihren Sinn, ihren wahren Wert, zu erfassen. Was bedeutete diese Heirat nun für uns? Was hatte sich seit dem Vortag geändert? Ich war nervös und wusste nur eins: Fortan würde ich gemeinsam mit diesem jungen Mann, der hier neben mir schlief, die Probleme des Lebens anpacken.

Als ich mit Marco nach Tel Aviv fuhr, um ihn meiner Mutter vorzustellen, zeigte sie sich weder überrascht noch enttäuscht, sondern fragte lediglich, ob er Jude sei und ob wir vor einem Rabbi geheiratet hätten. Nachdem wir sie in dieser Hinsicht beruhigen konnten, war sie zufrieden und nahm uns mit großer Selbstverständlichkeit auf, auch wenn sie mir später unter vier Augen ihre tieferen Sorgen eingestand und mich, sie alle auf ihre typische umkomplizierte Art zusammenfassend, fragte, ob mich mein junger Gatte auch gut behandelte.

Als ich sie Jahre später einmal von Italien aus besuchte, zeigte sie sich beunruhigt durch die Tatsache, dass wir erst ein Kind hatten, meine Älteste, Yael. Irgendwann nahm sie mich zur Seite und sagte in entschlossenem Ton auf Arabisch zu mir: »*Gibi ulad*«, »Bring Kinder zur Welt, andernfalls wird deine Gebärmutter bald verdorren.« Unversehens tauchte in meiner Vorstellung das Bild einer vollkommen ausgedörrten Landschaft mit einem von zahllosen Rissen durchzogenen Boden auf. Für meine Mutter war eine Frau eins mit ihrer Fruchtbarkeit, und in ihren Worten steckte ein deutlicher Vorwurf: »Was willst du auf dieser Welt, wenn du keine Kinder gebierst?«

Mit den Jahren wurden meine Besuche in Israel immer seltener, und in der Zwischenzeit hatte meine Mutter ihre Wohnung aufgegeben und wurde nun in einem Altersheim in Haifa betreut. Aus der Ferne konnte ich ihre Einsamkeit mitfühlen und erlebte betrübt, wie ihre Kräfte langsam erloschen, obwohl sie, wenn wir sie besuchten, kurzzeitig zu ihrer alten Lebendigkeit zurückfand und ihre Augen wieder zu strahlen begannen.

Nach einem gemeinsamen Spaziergang in der Nähe des Heims, kehrten wir einmal in ein Lokal direkt am Meer ein. Wir nahmen an einem Tisch im Freien Platz, und ich fragte sie, was ich für sie bestellen solle. Meine Mutter hatte sich nicht verändert und schaffte es auch jetzt nicht, etwas für sich zu verlangen. Ich musste die Frage mehrmals wiederholen und sie sogar hinsichtlich meiner finanziellen Möglichkeiten beruhigen, bis sie endlich ganz schüchtern murmelte, sie hätte gern ein Zitroneneis. Und dabei überkam ihr runzliges Gesicht ein glückliches Strahlen, wie man es von Kindern kennt, die sich schon an den einfachsten Genüssen zu erfreuen vermögen. Ich konnte meine Rührung nicht verbergen und nahm sie in den Arm. Damals wurde mir klar, dass wir die Rollen getauscht hatten: Ich war zu ihrer Mutter geworden, und es war meine Aufgabe, mich um sie zu kümmern.

Trotz aller Widrigkeiten des Alters blieb meine Mutter in Gedanken immer ihren emotionalen Bezugspunkten verbunden, also auch mir und meinen Kindern. Als David zur Welt kam, legte sie ein wenig Geld zur Seite und sparte es für seine *Bar-Mizwa*-Feier. Sieben Jahre später, als ich meinen Sohn zum ersten Mal nach Israel mitnahm, händigte sie mir die Summe aus und ließ mich das Versprechen ablegen, dass ich das Geld bei Vollendung seines dreizehnten Lebensjahres, wenn jüdische Kinder ihre religiöse Reife erlangen, an ihn weitergeben würde. Es war ein nicht nennenswerter Betrag, aber die Geste verdeutlichte mir erneut, wie diese Frau Anteil nahm und wie sie immer wieder einen Weg fand, ihrer Liebe über alle räumlichen und zeitlichen Hindernisse hinweg Ausdruck zu verleihen.

XI
In Italien

Einige Monate nach der Hochzeit verließen wir Israel mit der Vorstellung, nur so lange in Italien zu bleiben, bis Marco sein Studium abgeschlossen hätte, um dann zurückzukehren und unser Leben dort weiterzuführen, wo wir uns kennen gelernt hatten.

Ich erinnere mich an eine kleine, aber vielleicht bezeichnende Begebenheit, die sich vor unserer Abreise zutrug. Wie bereits erwähnt, war es für jüdische Einwanderer Brauch, die Namen aus der Diaspora durch hebräische Namen zu ersetzen, um als neuer Bürger auch eine neue Identität zu erhalten. Dem hatte ich mich anpassen wollen und im Alter von dreizehn Jahren meinen Familiennamen »Bagdadi« in »Pas« geändert, auch wenn ich rein rechtlich noch zu jung für einen solchen Schritt war. Dennoch unterzeichnete ich von nun an ganz spontan mit Masal Pas. Der Name macht mich stolz, ich mochte es, wie er klang, und auch, was er bedeutete, nämlich wörtlich »kostbares Gold«, im übertragenen Sinne eine sehr wichtige, sehr wertvolle Idee oder Meinung. Da ich im Kibbuz lebte, hatte ich nie Papiere gebraucht, und es war mir gar nicht bewusst, dass ich offiziell weiterhin unter dem Namen

Bagdadi registriert war. Erst als ich später einen Reisepass beantragte und ihn unterschreiben sollte, wurde mir klar, wie die Dinge tatsächlich lagen. Also beschloss ich, ohne lange zu überlegen, den Namenszug Masal Pas Bagdadi darunter zu setzen. Nun war ich schon so daran gewöhnt, meinen Namen zu wechseln, dass mir auch die nächste Änderung nichts ausmachte, als ich nun mit der Heirat Masal Rosenbaum wurde. Rabbi Nachman aus Breslau sagte einmal: »Die Änderung des Namens zieht die Änderung des Schicksals nach sich«, und in meinem Fall traf das voll und ganz zu.

In Haifa gingen wir an Bord eines italienischen Schiffes, das uns in fünf Tagen nach Triest bringen sollte. Auf diesem Passagierdampfer, einer Art schwimmendem Luxushotel, kam ich mir vor wie im Märchen: festlich geschmückte Tafeln, Kristallgläser, glitzerndes Besteck in verblüffend großer Zahl an jedem Platz, weiß behandschuhte Kellner, erlesene Speisen und Pastagerichte, Parmesankäse, Kaiserbirnen, eine Fülle von Köstlichkeiten, wie ich es noch nie erlebt hatte. Dann das Orchester, die Tänze, die vornehm gekleideten Reisenden, unter denen ich mich staunend bewegte in meinem nicht aufwendigen, aber eleganten Kleid, das ich mir eigens für die Reise gekauft hatte. Für ein junge Frau wie mich, daran gewöhnt, barfuß im Kibbuz herumzulaufen, war das alles unglaublich. Im Grunde war ich wirklich eine »Beduinin«, wie mich ein früherer Liebhaber in Anspielung auf meine ungezähmte Seite einmal genannt hatte. Doch ich ließ mich nicht einschüchtern und lernte schnell, indem ich mich etwa verstohlen nach links und rechts umblickte, um bei den anderen Passagieren abzuschauen, wie das doppelte Besteck zu benutzen und zu welcher Gelegenheit ein bestimmtes Glas zur Hand zu nehmen sei. Ich tupfte mir die Lippen ab, bevor ich trank, und hatte einen Riesenspaß daran, die Prinzessin zu spielen. Abends wurde Tango oder Walzer getanzt, beides Tänze, die im Kibbuz verpönt waren. Zum Klang der Musik ließ ich mich von meinem Mann führen und träumte mit offenen Augen.

Unsere erste Station in Italien war Bari, wo wir in Begleitung einiger amerikanischer Bekannter von Bord gingen und uns eine Kutsche mieteten. Es war ein herrlicher Wintertag: Tief atmete ich die klare Luft ein, während die Sehenswürdigkeiten der Stadt an uns vorüberzogen, Kirchen, Paläste, Geschäfte, die von einem für mich unerhörten Luxus überquollen. Als wir dann nach Venedig kamen, war es vollends um mich geschehen. Diese Schönheit, die sich meinem Blick darbot, ließ noch meine kühnsten Fantasiegebilde verblassen. An meinen Ehemann gelehnt, bestürmte ich ihn mit Fragen und wollte alles, was ich sah, ganz genau erklärt haben. Mir gefiel auch diese Abhängigkeit, die mich an ihn band, in diesem Land, das nicht das meine war, und ich spürte, wie meine Liebe beständig wuchs.

Im Winter 1960 trafen wir in Triest ein. Die Eingewöhnung war sehr schwierig, vor allem wegen der Kälte, die mich richtiggehend lähmte. Nebel, Regen, Tag um Tag ohne Sonne – es war eine unsagbare Qual für mich, die ich bis dahin acht Monate im Jahr barfuß herumgelaufen war. Wieder einmal musste ich zu meiner besonderen Fähigkeit, das Beste aus einer Situation zu machen, Zuflucht nehmen. So schnell wie möglich lernte ich Italienisch, so wie ich es schon vor Jahren mit dem Hebräischen getan hatte. Ich hörte aufmerksam zu, wenn gesprochen wurde, und redete munter drauflos, ohne mir wegen meiner Fehler Gedanken zu machen.

Wir waren Gäste in der Wohnung von Marcos Eltern, hatten kein Geld und keine Arbeit, doch auch diese widrigen Umstände konnten meinen Elan nicht brechen. Sechs Monate nach unserer Ankunft zogen wir nach Mailand, da wir glaubten, dort bessere Arbeitsmöglichkeiten zu finden: Marco begann in der hebräischen Schule zu unterrichten, und ich machte mich auf die Suche nach einer Beschäftigung, bei der ich mit Kindern zu tun haben würde. Einige Monate lang arbeitete ich im *Villagio della Madre e del Fanciullo* (»Mutter-Kind-Dorf«), einer Einrichtung, die nach dem Krieg gegründet worden war, um Frauen und Kinder aufzunehmen, die die Konzentrationslager überlebt hatten, und die später als Heim für ledige Mütter genutzt wurde. Geführt wurde das Dorf von Signora Scarzella, betreut von namhaften Mailänder Medizinern und Psychoanalytikern. Hier lernte ich Cesare Musatti kennen, Luciana Nissim, Mario Morpurgo und Tommaso Senisi, die mit der Zeit wie »Eltern« für mich wurden, Freunde, denen wirklich etwas an mir gelegen war. Sie alle schenkten mir das Vertrauen und die Bestätigung, die für das Projekt, das ich aufbaute, unabdingbar waren.

In Mailand gab es damals ein sehr reges politisches, intellektuelles und kulturelles Leben, und für mich war es wirklich ein großes Glück, mich in solch einem stimulierenden Umfeld wiederzufinden. Ich besuchte das von Sergio Spazzali, Dino Leon, Paola Forti und anderen Linksintellektuellen gegründete »Centro Fanon«, wo das Verständnis für die Probleme der Dritten Welt oder Maos China geweckt wurde, wo aber auch politischen Flüchtlingen, zum größten Teil aus Südamerika, konkrete Hilfe geleistet wurde. Ich hatte mir ein gewisses exotisches Aussehen und eine Freiheit des Denkens bewahrt, die in diesem Kreis Interesse weckten. Meine Initiativen sowie die unorthodoxe Art, in der ich mich der Bedürfnisse der Kinder annahm, fanden die Unterstützung meiner Freunde, die dann auch, als ich beschloss, die erste Spielgruppe ins Leben zu rufen, nicht zögerten, mir ihre eigenen Kinder anzuvertrauen. Währenddessen bemühte ich mich, die italienische Kultur in vollen Zügen in mich aufzunehmen, etwa durch das Teatro di Dario Fo, die von Roberto Leydi gesammelten Volkslieder, die Kunstwerke junger Talente wie Baratella, Spagnolo, Bay, Schifano und vieler anderer.

Ich erlebte dies alles mit einem solchen Schwung, dass ich mir wie in einer zweiten Jugendzeit vorkam, erfüllt von dem Bewusstsein, an starken gesellschaftlichen Veränderungen teilzuhaben. Ich strahlte vor Selbstbewusstsein, fühlte mich attraktiv und intelligent und amüsierte mich dabei, mit Männern zu flirten, ohne dadurch aber meine Prinzipien, meine inneren Bezugspunkte, aus den Augen zu verlieren. Abends trafen wir uns im Café Tumbun im Brera-Palast in einem Kreis politisch engagierter Künstler und Intellektueller und diskutierten vor einem Teller Spaghetti und einem Glas Rotwein endlos über alle möglichen Themen. Wenn das Lokal schloss, redeten wir uns immer noch die Köpfe heiß und gingen erst auseinander, wenn fast schon die Sonne aufging.

Unter dem Deckmantel des leidenschaftlichen politischen Engagements knisterte es auch zwischen den Geschlechtern, das heißt, es entwickelten sich starke Anziehungskräfte, die in einem munteren Hin und Her von Anspielungen und Zweideutigkeiten ihren Ausdruck fanden. In meiner Ehe hingegen war die Begeisterung der ersten Zeit längst verflogen. Die Interessen meines Mannes, seine Anschauungen zu Politik, Musik oder Kunst, die mich anfangs so fasziniert hatten, entfernten mich nun eher von ihm. Ich war damals noch nicht so weit, die ganze Vielschichtigkeit einer Beziehung wie der Ehe zu begreifen. Mir kam es so vor, als ob sich meine Rolle darauf beschränkte, seine Wünsche und Bedürfnisse zu spiegeln, während meine mehr und mehr an den Rand gedrängt und ausgeblendet wurden. Zwar hatte ich schon gelernt, Geduld zu zeigen, fragte mich jedoch immer häufiger, wie lange ich noch warten sollte. Warum? Zu wessen Nutzen? Meine Enttäuschung kompensierte ich, indem ich die intellektuelle Nähe zu den Künstlern in meinem Bekanntenkreis suchte, mich in die Interpretation ihrer Werke stürzte, um noch die verborgensten Aspekte zu erfassen, während ich mich gleichzeitig abschirmte und behutsam, aber bestimmt jede gefühlsmäßige Verbindung ablehnte.

Auch die Geburt meiner Tochter Yael bedeutete keinen Bruch in dieser Lebensweise. Ich liebte sie aus tiefster Seele und integrierte sie in meinen Alltag, verstand es aber auch, mich gegebenenfalls mit ihr zurückzuziehen, um sie vor Übertreibungen zu schützen, wie sie für solch ein Umfeld, in dem die Leidenschaften brodeln, typisch sind. Wenn die politischen Debatten und abendlichen Diskussionen in den Kneipen unseren Rhythmus zu stören drohten, nahm ich die Kleine und fuhr mit ihr nach Hause, unterließ es also, sie von Trattoria zu Trattoria bei mir zu behalten. In jenen Jahren war es üblich, auch kleine Kinder überallhin mitzuschleppen, und viele Eltern nahmen es mit ihrer Verantwortung nicht so genau, nur um ungestört den eigenen Interessen nachgehen zu können. Allzu leicht verwechselte man in dem exaltierten Klima von damals das Verlangen nach Freiheit mit Leichtsinn und Verantwortungslosigkeit, mit einer Lebensweise, die keine Grenzen gelten ließ, weder für sich noch für die eigenen Kinder. Doch mir war klar, dass ein Kind einen festen Rahmen, feste Regeln braucht, um sich geliebt, behütet und unterstützt zu fühlen.

Ich gab meine Arbeit im »Dorf« auf und nahm eine Stelle als Babysitter für Luciana Nissims Sohn Alberto an, einem sehr hübschen Kind mit Locken und großen braunen Augen, das damals ungefähr zehn Monate alt war. Als ich ihn zum ersten Mal sah, war er gerade vom Mittagsschlaf aufgewacht und lag auf dem Wickeltisch. Während Luciana ihm die Windeln wechselte, begann ich mit ihm zu spielen, küsste ihn aufs Bäuchlein, und er hatte seinen Spaß daran und zog an meinen Haaren, die ich damals schulterlang trug: Wir beide, oder besser wir drei, verstanden uns auf Anhieb. Am folgenden Morgen um halb acht fand ich mich erneut in dem schönen Haus voller Gemälde, Bücher und Schallplatten ein, um eine Arbeit aufzunehmen, aus der sich schon bald eine starke freundschaftliche Beziehung entwickelte. Wie ein Familienmitglied wurde ich aufgenommen, auch von Lucianas Ehemann Franco Momigliano, einem Turiner Juden, der während des Krieges bei den Partisanen gekämpft hatte und der mir jetzt, damit ich mich gleich wie zu Hause fühlte, die Filme zeigte, die er während einer Israelreise gedreht hatte.

Luciana Nissim, damals so um die vierzig Jahre alt, war Psychoanalytikerin. In jungen Jahren nach Auschwitz deportiert, war es ihr gelungen, das Vernichtungslager zu überleben, wovon sie später in einer Autobiografie eindrucksvoll Zeugnis geben sollte. Nach dem Krieg schloss sie in Mailand ihre Ausbildung ab und wurde dann, zusammen mit Dottoressa Berini, Mitarbeiterin des *Centro d'Igiene Mentale* (»Zentrum für geistige Gesundheit«) der Stadt Mailand. In den hier und da einem vollen Tagesablauf abgezweigten Momenten trafen wir uns und legten den Grundstein einer von gegenseitiger Zuneigung und Wertschätzung geprägten Beziehung, die lange Bestand haben sollte. Anders als andere Betreuerinnen vor mir suchte ich Luciana, wenn sie gerade keine Patienten hatte, zusammen mit Alberto in ihrer Praxis auf. Während der Kleine zu unseren Füßen spielte, unterhielten wir uns auf dem Fußboden sitzend über dies und das, auch über private Dinge und Erlebnisse, tauschten Gedanken und Ansichten aus, zu ihrem Beruf, zur Psychologie, zum Kibbuz oder auch zum Konzept kollektiver Kindererziehung.

Jahre später gestand mir Luciana, dass jene Zeit eine der glücklichsten ihres Lebens gewesen sei. Für mich traf dies ebenfalls zu. Durch ihre herzliche Art und das echte Interesse, das sie mir entgegenbrachte, war es mir möglich, mich ein wenig mehr zu öffnen, als ich es gewöhnlich tat. Bald bewegte ich mich ganz ungeniert in ihrem Haus, wo ich auf so interessante Leute wie Silvana Ottieri oder Giorgio Bocca traf, Alberto Levi, Enzo Morpurgo, Lombardi und viele andere.

Zu einigen Freunden des Hauses Momigliano entwickelten sich auch persönliche Beziehungen, die von Dauer waren: so mit Enzo Morpurgo oder Silvana Ottieri.

Enzo faszinierte mich schon wegen seines eigenwilligen Aussehens. Während sich seine breite, glänzende Stirn bis zum Scheitel hinaufzog, spross ihm auf dem Hinterkopf eine wahre Löwenmähne. Beeindruckend auch seine nussbraunen kleinen Augen, die auffallend eng wie die eines Nachtvogels beieinander lagen. Dieser lebhafte, fesselnde Blick erweckte den Eindruck, als befähige er ihn zu einer besonders profunden Einsicht in die Dinge. Er hatte eine tiefe Stimme und immer eine Pfeife im Mund.

Als ein für seinen unkonventionellen Ansatz bekannter Arzt und Psychiater scharte er in jenen Jahren, da die traditionelle Psychiatrie heftig angegriffen wurde, eine Gruppe Gleichgesinnter – Ärzte, Psychologen, Lehrer, Psychiater – um sich. Diese versuchten der Therapie ein menschliches Gesicht zu geben, durch eine Methode, die vor allem auf Analyse und Einsicht setzte und den ausschließlichen Gebrauch von Psychopharmaka ablehnte.

Man traf sich mittwochabends in den Räumen der *Umanitaria* in der Via Daverio und diskutierte die Fälle, die die verschiedenen Mitarbeiter vorstellten. Es war, als trete die Psychoanalyse plötzlich ans Licht der Öffentlichkeit, als sei sie nicht mehr geistiges Eigentum einiger weniger Auserwählter der psychoanalytischen Zunft, sondern eines jeden Menschen, der etwas über die psychologischen Abläufe erfahren und lernen wollte, um daraus für den Beruf oder auch rein persönlich Nutzen zu ziehen. Enzos Offenheit, seine mitreißende Intelligenz, seine Bildung, die sich auf alle Gebiete erstreckte, ließen seine Vorträge immer zu einem Erlebnis werden. Irgendwann forderte er mich auf, diese Treffen aktiv mitzugestalten.

So bereitete ich mich darauf vor, den Fall eines dreijährigen Jungen vorzustellen, der unter Lähmungserscheinungen am rechten Bein litt, für die man keine medizinische Erklärung hatte finden können. Neben Enzo sitzend, meinen Zuhörern gegenüber, begann ich mit meinem Bericht und beschrieb die Spiele und die enge körperliche Interaktion, die zwischen mir und dem kleinen Kerl entstanden war. Der Junge, klein und untersetzt, mit schwarzem Haar und großen dunklen Augen, die an glühende Kohlen erinnerten, hatte mich förmlich angefleht, ihm zu helfen und dafür zu sorgen, dass er wieder frei herumturnen konnte. Und er selbst half mit, nahm eifrig teil an meinem Konzept, und tatsächlich, so wie die Therapie andauerte, ließen die Lähmungserscheinungen nach, und der Junge gewann seine Lebensfreude zurück. Enzo und alle Anwesenden hatten gebannt meinem Vortrag gelauscht. Bei einer Reihe späterer Treffen schilderte ich die weiteren Fortschritte des kleinen Jungen, die schließlich in seiner vollständigen Genesung gipfelten.

Enzo hatte es sich zur Gewohnheit gemacht, einmal in der Woche sein Haus Kollegen und Freunden zu öffnen. Bei Wein und erlesenen Speisen in Hülle und Fülle kamen die Gäste einander nahe. Enzo trug gern etwas auf dem Klavier vor und war stets von einer Schar von Bewunderern umgeben. Im Verlauf eines dieser Abende stellte er mich einigen neuen Freunden als Kinderpsychotherapeutin vor. Ich fühlte mich noch nicht sicher in dieser Rolle und wehrte schüchtern ab: »Das bin ich doch gar nicht.« Es stimmte, mir fehlten dazu die notwendigen Abschlüsse, aber Enzo war das vollkommen gleich: »Wie soll ich dich denn vorstellen?«, fragte er. Darauf ich: »Als Masal, als Masal, die die Kinder zum Spielen bringt.« Mit einem sympathischen Lächeln akzeptierte er meine Version und stellte mich nun, halb im Scherz, mit diesen Worten auch den anderen Gästen vor.

Durch ihre Liebe zu allem Jüdischen, Israel eingeschlossen, wirkte Silvana Ottieri fast jüdischer als waschechte Juden. Und so äußerte ihre Tochter Maria Pace auch häufig die Vermutung, in ihrer Familie habe es sicher jüdische Vorfahren gegeben. Ich aber, die junge Frau, die nicht lange zuvor aus Israel eingetroffen war und im Hause ihrer besten Freundin Aufnahme gefunden hatte, musste ihr wie eine Art Summa der wechselvollen Geschichte des jüdischen Volkes vorkommen.

Uns verband die Zuneigung zu Luciana und dem Söhnchen Alberto, und ich muss zugeben, dass es mir leichter fiel, mich der so offenen, warmherzigen Silvana anzuvertrauen als Luciana selbst. Bei Luciana folgten Momenten großer

Vertrautheit auch immer wieder Zeiten einer merkwürdigen Distanz, die ich mir nicht recht erklären konnte, während ich von Silvana jedes Mal wieder wie eine Rarität, jedoch auch mit einem natürlichen Interesse empfangen wurde. Mit der Zeit intensivierte sich unsere Beziehung auch durch unsere Kinder, bis diese flügge wurden und ihrer eigenen Wege gingen. Vor wenigen Jahren, nach Lucianas Tod, besuchte ich Silvana in ihrem Haus in der Via San Primo. Sie erzählte mir vom letzten Lebensabschnitt unserer gemeinsamen Freundin und von ihrer Krankheit, gestand mir, wie sehr sie ihr fehle, und ließ ihren Erinnerungen, aus denen Trauer und Zuneigung sprachen, freien Lauf. Ich hielt ihre Hand und war froh, nun mit ihr die letzten Monate von Lucianas Leben, an denen ich nicht hatte teilhaben können, im Rückblick mitzuerleben. Heute habe ich es mir zur Gewohnheit gemacht, Silvana hin und wieder anzurufen oder auch aufzusuchen, um ihr von meinen Unternehmungen zu berichten und von ihren Sorgen und Nöten zu hören. Sie ist eine Frau, die Neugier und Liebe für ihre Arbeit nie verloren hat. Doch Luciana bleibt unersetzlich, und wir beide halten in gemeinsamer Zuneigung die Erinnerung an sie wach.

Als meine Tochter Yael achtzehn Monate alt wurde, verspürte ich das Bedürfnis, einer Beschäftigung nachzugehen, bei der ich sie mitnehmen konnte, und so kehrte ich für eine Zeit lang ins »Dorf« zurück, obwohl sich das Umfeld dort mittlerweile verändert hatte.

Daneben studierte ich weiterhin für mich selbst, vertiefte meine Kenntnisse auf den Gebieten der kindlichen Entwicklung, der Soziabilität und des Spiels und brannte darauf, diese auch anzuwenden, also in die Praxis umzusetzen. Im »Dorf« lernte ich Paola Forti kennen, und wir freundeten uns an, eine glückliche Fügung, von der bald auch unsere Kinder profitierten. Ich erzählte ihr von meinen Vorstellungen und rannte damit offene Türen bei ihr ein: Ihr Haus wurde der erste Sitz einer Einrichtung, die später einmal *Centro Giochi di Masal,* »Masals Spielzentrum« heißen sollte. Unter ihren Bekannten fand Paola weitere Eltern, die bereit waren, sich auf das »Risiko« einer alternativen Erziehung einzulassen, einer Erziehung, die den Kindern Gelegenheit geben sollte, enge Beziehungen auch außerhalb der Familie zu entwickeln. Zur ersten Gruppe zählten sieben Kinder, also sieben Elternpaare, und die gruppendynamischen Erfahrungen, die wir hier gemeinsam machten, waren besonders wertvoll und ließen Freundschaften entstehen, die sich als fest und dauerhaft erweisen sollten.

Carla, die Frau Cesare Musattis, eines der Pioniere der Psychoanalyse in Italien, kam regelmäßig, um ihre kleine Enkelin Sara zum Mittagessen abzuholen. Meist richtete sie es so ein, dass sie schon etwas früher eintraf, um noch ein wenig Zeit für mich und die Kinder zu haben. Wir unterhielten uns über Israel, die Kibbuzim und über das Modell der freien Erziehung, das in meinem Heimatland vielfach schon in die Praxis umgesetzt worden war und das ich nun für die erste Mailänder Spielgruppe übernommen hatte. Zuweilen kam Carla auch in Begleitung Cesares, der gern ein wenig blieb und sich bei uns umschaute: ein älterer Herr, aufgeschlossen und diskret, mit vollem weißen Haarschopf, einer Hakennase, einem großen Mund und schmalen, lebhaften, ein wenig schelmisch blickenden Augen. Es schien ihm Spaß zu machen, die spielenden Kinder zu beobachten, denn es dauerte nicht lange, bis sich dann seine Lippen zu einem zufriedenen und gutmütigen breiten Lächeln verzogen. Durch diese gemeinsame Erfahrung entstand auch hier ein tieferes Vertrauen, und nicht selten wurde ich mit meiner Tochter Yael übers Wochenende in ihr Haus in Brinzio eingeladen. Während die Kinder spielten, wurden Erzählungen und Anekdoten zu Vergangenheit und Gegenwart ausgetauscht, und die freundschaftliche Aufnahme, die ich bei ihnen fand, sowie ihre Liebe zu Israel, halfen mir über das Gefühl der Entwurzlung hinweg, das mich hier in Italien immer noch nicht ganz verlassen hatte. Häufig denke ich an jene Zeit zurück, und auch viele Jahre nach Cesare Musattis Tod spüre ich noch immer schmerzlich, wie sehr er fehlt, sowohl im öffentlichen Leben als auch in meinem privaten Bereich.

Nach einem Jahr löste ich mich von Paolas Haus und rief eine eigene Kinderkrippe ins Leben: ein spontaner Beginn, zu dem mich die Erfahrungen ermutigten, die ich inzwischen hatte sammeln können und aus denen sich mit der Zeit eine eigene Struktur entwickelte. Es war nicht nur ein Ort, wo Kinder betreut wurden, sondern wo darüber hinaus kindliches Verhalten beobachtet und analysiert wurde. Dazu zählten regelmäßige Treffen mit den Eltern ebenso wie Praktika für Psychologen und Erzieher. Es kam zu Begegnungen, die neue Anregungen und auch Kritik hervorbrachten, die immer gern aufgegriffen wurde, wenn sie konstruktiv war und dazu beitragen konnte, meine Arbeit mit den Kleinen zu verbessern. Die Einrichtung war eine Kinderkrippe mit psychoanalytischem Ansatz, mit besonderem Augenmerk auf jene zahlreichen unbewussten Prozesse, die unser alltägliches Handeln mitbestimmen.

Durch mein Leben im Ghetto, im Kibbuz und dann in der Armee war ich besonders sensibilisiert für die Dynamik, die sich zwischen dem Individuum und der Gruppe entwickelt, eine Erfahrung, die ich bei meiner Arbeit mit Kindern und Erwachsenen in die Praxis umzusetzen versuchte. Schon früh hatte ich im Kibbuzhort gelernt, wie tröstlich Anteilnahme sein kann: Die anderen Kinder hatten mit mir gesungen und es so geschafft, dass ich mich weniger einsam fühlte, während ihnen meine Lieder vielleicht dabei geholfen haben, die Angst vor Gespenstern zu vertreiben. Daher verwandte ich viel Zeit darauf, individuelle Entwicklungen im Rahmen einer Gruppe Gleichaltriger herauszuarbeiten, damit persönliche Probleme auch von anderen Kindern geteilt, gespielt, verbalisiert und zum Wohle aller gelöst werden konnten. Unermüdlich betonte ich gegenüber meinen Mitarbeitern, wie wichtig es sei, die eigene Beobachtungsgabe zu verfeinern, um beides, sowohl das persönliche Erleben eines einzelnen Kindes als auch die Resonanz der Kameraden, im Blick zu behalten, die Auswirkungen zu analysieren und entsprechend einzugreifen.

Bei den abendlichen Treffen mit den Eltern wurden die Schwierigkeiten besprochen, die sich im Umgang mit ihren Kindern trotz aller liebevollen Fürsorge ergaben. Nachdem die anfängliche Skepsis, die wohl alle Eltern empfinden, wenn sie ihre Kinder anderen Menschen anvertrauen, überwunden war, entwickelte sich zwischen uns ein Vertrauensverhältnis, von dem natürlich auch die Kleinen profitierten. Leider ist man nicht allein dadurch, dass man Vater oder Mutter ist, in der Lage, mit den komplexen psychologischen Vorgängen beim eigenen Kind richtig umzugehen. Nicht nur Liebe und Zuneigung sind gefragt, sondern auch ein wacher Blick für die Wachstumsdynamik. Nicht selten belasten neurotische Störungen eines Erwachsenen, die in seiner schlecht verarbeiteten Kindheit zu suchen sind, auch das Verhältnis zu den eigenen Kindern und sind nur dann zu verändern, wenn sie ins Bewusstsein gehoben werden.

Wir schrieben das Jahr 1966, und die Existenz eines jüdischen Staates kam den Juden aus aller Welt immer noch wie ein Wunder vor. Sie sorgten sich um den Fortbestand, vor allem wegen der feindlichen Haltung der angrenzenden arabischen Staaten.

Im linksintellektuellen Milieu gab es ständig Auseinandersetzungen zwischen jenen, die das Existenzrecht des Staates Israel sowie sein Recht zur Selbstverteidigung betonten, und anderen, die die palästinensische Sache unterstützten. Als im Juni 1967 der Sechstagekrieg ausbrach, wurde die Kritik an Israel noch heftiger, die Diskussionen wurden leidenschaftlicher und erbitterter, und immer häufiger wurde ich verbal angegriffen, so als sei ich für das, was in meinem Land vorging, persönlich verantwortlich. Einmal wurde ich nachts von aufgeregten Stimmen im Wohnzimmer geweckt, wo einige Freunde, ins Gespräch vertieft, noch aufgeblieben waren. Unter ihnen war auch ein junger Palästinenser, der die Geschichte seiner Flucht erzählte und damit bei seinen Zuhörern auf viel Verständnis und Bewunderung stieß. Ich stand auf, gesellte mich wieder zu ihnen und erklärte, ohne lange nachzudenken, an den Palästinenser gewandt: »Du bist aus Israel geflohen, ich aus Syrien. Damit sind wir quitt!« Ohne eine Antwort abzuwarten, machte ich auf dem Absatz kehrt und ging wieder schlafen. Obwohl ich die politischen Grundüberzeugungen unserer Gruppe teilte, fühlte ich, dass sich die israelische Politik nicht vergleichen und nicht aufrechnen ließ, da sie – sowohl zur Existenz als auch zur Verteidigung – Gründe beinhaltete, die einmalig waren und sich grundsätzlich von allen sonstigen politischen Problemen und Fragen unterschieden.

Wie schon früher im Kibbuz erlebte ich es auch jetzt, dass ich mit Menschen der älteren Generation, hier dem guten Musatti und seiner Frau Luciana Nissim, in größerem Einklang stand als mit Gleichaltrigen. Mit ihnen teilte ich die prägendsten Erfahrungen wie Vertreibung, Flucht, Trennung von den nächsten Angehörigen, die unseren eigenen Kindern zum Glück erspart geblieben waren. Einmal schlug jemand im gewohnten Freundeskreis das Spiel »Wer ist es …« vor, bei dem es Personen zu erraten gilt, indem man Gegenstände benennt, die irgendeinen Bezug zu ihnen haben. Als Anspielung auf mich dachte ein befreundeter Maler an ein besticktes Seidennachthemd, das gleichzeitig modisch raffiniert, aber auch sehr antik sein konnte. Ich war beeindruckt, wie scharfsinnig er damit mein innerstes Wesen erahnt und welch schönes Bild er für meine weibliche Identität als Frau gefunden hatte.

Ja, es stimmt. Die Wege jener Tune, die wie in einem Bild aus früheren Zeiten an einem Brunnen in Damaskus Wasser schöpft, und die der modernen, vernunftbegabten Masal haben sich im Verlaufe meines Lebens immer wieder gekreuzt.

XII
Tune-Masal und die Kinder

Die kleine Tune ist immer ein Teil von mir geblieben, sie ließ es ruhig geschehen, dass ich mich entwickelte und meine Kenntnisse und Fähigkeiten erweiterte. Ich liebe sie und bin dankbar, dass sie überleben konnte.

Darüber hinaus spielte Tune eine wichtige Rolle bei meiner Arbeit, denn als ich begann, mich mit psychischen Störungen bei Kindern zu befassen, sprang sie mir häufig zur Seite und wies mir den Weg, dem ich folgen musste. Dazu fällt mir die bereits erwähnte Anekdote mit der Puppe wieder ein, die ich im Kibbuz geschenkt bekam und die ich mit so viel Aufmerksamkeit und Zuneigung umsorgte. Natürlich habe ich erst als Erwachsene den eigentlichen Sinn dieser Erfahrung begriffen. Aber schon damals spürte ich, dass Leid, Kummer und Ängste behandelt und »repariert« werden können, so ähnlich wie meine Puppe repariert worden war.

Im Laufe der Jahre bin ich häufig gefragt worden, wie meine Lebensgeschichte mein Handeln und vor allem meine Arbeitsweise als Analytikerin beeinflusst hat: Ich bin überzeugt, dass die Verflechtung der persönlichen Erfahrungen mit meinen erworbenen Fachkenntnissen entscheidend für meinen Umgang mit Kindern war und später den Übergang zur Behandlung Erwachsener erleichtert hat. Meiner Ansicht nach ist es nicht möglich, anderen zu helfen, wenn die Diskrepanz zwischen unserem wahren Kern und dem, was wir tun, zu groß ist. Und ebenso glaube ich, dass man sich schwerlich mit den Nöten anderer identifizieren kann, wenn man das eigene Leid, seine Ängste und Entbehrungen aus seiner Erinnerung verbannt hat. Ein jiddisches Sprichwort lautet: »Wer das Leid nicht kennt, ist kein wahrer Mensch.«

Die dramatischen Ereignisse meines Lebens haben bei den Menschen in meinem Umkreis, speziell bei meinen Patienten, unterschiedliche Reaktionen hervorgerufen. Bei den einen wurde Bewunderung geweckt, Neugier und das Verlangen, Details einer Geschichte zu erfahren, die persönlich ermunterte, mehr Zutrauen zu den eigenen inneren Fähigkeiten in problematischen Situationen zu haben. Nach dem Motto: »Wenn sie es geschafft hat, warum sollte es mir nicht gelingen?«

Bei anderen hat meine Lebensgeschichte neue Ängste ausgelöst und zu einer leichten Herabsetzung des Selbstbewusstseins geführt: Die Probleme, die sie mit mir besprechen wollten, kamen ihnen nun banal und unbedeutend vor. Ich erinnere mich an eine Frau, mit der ich gerade eine Therapie begonnen hatte. Während sie mir ihre Geschichte erzählte, unterbrach sie sich immer wieder, weil sie glaubte, mich zu langweilen, und murmelte: »Ist ja auch nicht so wichtig, warum erzähle ich das überhaupt?« Die Überzeugung, nicht interessant zu sein, leitete sich aus der Beziehung zu den Menschen ab, die als Kleinkind für sie verantwortlich waren. Damals hatte sie niemanden, der ihr zuhörte, so dass sich in ihr die Überzeugung festigte, nicht viel wert zu sein. Mit dieser Verzweiflung im Herzen aufgewachsen, hatte sie mit dreizehn einen Selbstmordversuch unternommen, um auf diese Weise endlich Beachtung zu finden. Doch wie es so häufig geschieht, führte man diese Verzweiflungstat auf eine psychische Erkrankung des Mädchens zurück und nicht auf eine gestörte familiäre Beziehung. Durch die emotionale Einsamkeit geschädigt, hatte sie jede Kommunikation eingestellt und sechs Jahre lang geschwiegen. Obwohl sie eine attraktive, intelligente und beruflich erfolgreiche Frau war, erlebte sie sich als einen uninteressanten Menschen und verstärkte weiter ihre Bemühungen, sich beliebt zu machen, indem sie sich beispielsweise gegenüber Freunden und Verwandten übertrieben hilfsbereit zeigte.

In dem Bemühen, mir nicht die kleinste Nuance ihrer Erzählung entgehen zu lassen, hatte ich ihr mit größter Aufmerksamkeit zugehört und dabei erkannt, welche Ängste ihrem Problem zu Grunde lagen. So sagte ich nun zu ihr: »Alles, was Ihnen am Herzen liegt, ist wichtig, sei es nun schön oder traurig, bedeutungsvoll oder scheinbar belanglos.« Tatsächlich möchte und sollte jedes Kind fühlen, dass es für seine Eltern etwas ganz Besonderes ist. Ganz ähnlich ergeht es dem Patienten gegenüber seinem Analytiker. Um im Leben seinen Weg zu machen, ist es unverzichtbar, etwas Besonderes zu sein, zumindest für einen Menschen.

Es ist eine Selbstverständlichkeit für mich, zu meinen Patienten eine emotionale Beziehung aufzubauen. Ich empfange sie mit einem Lächeln und mache meinen Geist ganz frei, um aufnahmefähig zu sein für ihre seelischen Nöte und um ungestört zuhören zu können. Wie schrieb doch Franco Marcoaldi: »Richtig zuzuhören ist der einzige Weg, um etwas wirklich zu begreifen, und dies an Tagen zu schaffen, da es laut und hektisch zugeht, ist nahezu eine Kunst.« Stets habe ich mich in die ganz speziellen Emotionen meiner Patienten einzufühlen versucht, und heute kann ich sagen, dass keine Erfahrung genau identisch mit der anderen war. Das war nur möglich, weil ich mir das Erstaunen vor jenem Wunder bewahrt habe, das sich stets wieder neu ereignet, wenn Menschen sich von dem befreien können, was auf ihnen gelastet hat.

Kinder haben noch einen leichteren Zugang zu ihrem Unterbewusstsein und drücken in ihren Spielen oder Zeichnungen etwas – und es ist niemals etwas Zufälliges – von ihrem besonders reichen Innenleben aus. Im tiefsten Inneren hoffen sie, dass irgendjemand sie tatsächlich versteht. Ich weiß, dass Tune und Masal wie Komplizinnen, mit Beharrlichkeit und Leidenschaft, von Mal zu Mal dem Patienten helfen, sein inneres Kind, das keinem Menschen je ganz verloren geht, und damit seine Lebensfreude wiederzufinden.

Nicht selten überkommen mich wieder die starken Gefühle, die eigentlich an die psychischen Bedürfnisse der kleinen Masal früherer Zeiten gebunden sind, jenes Mädchens, das sich danach sehnte, dass die Pflegeeltern im Kibbuz sie tatsächlich voll und ganz bejahten und sie anderen gegenüber nicht nur als »Masal von Alonim«, sondern als »unsere Masal«

bezeichneten. Die Erfahrung ließ mich früh schon erkennen, wie sehr Kinder auf Erwachsene angewiesen sind, die ohne Einschränkung Verantwortung für sie übernehmen, und so habe ich mich selbst in den Jahren bemüht, meine Fähigkeit, mich anderer anzunehmen, immer weiter zu verbessern.

Bei den Begegnungen mit den Kindern versuche ich, auch einen starken physischen Kontakt aufzubauen, und anhand der Schwierigkeiten, die auftauchen, erkenne ich tief verborgene Komplexe, Ängste und aufgestaute Aggressionen, für die das Spiel, auf symbolischer Ebene, Ersatzausdrucksweisen schaffen kann.

Viele Eltern wissen nicht, wie entscheidend ein körperlicher Kontakt für ihr Kind ist. Zum einen, um die eigenen Grenzen zu definieren und ein symbolisches Bild von sich selbst zu entwickeln, zum anderen als Antwort auf das Bedürfnis, die eigenen Kräfte im Spiel mit einem Elternteil zu erproben, mit ihm zu wetteifern. Durch solch einen körperlichen Kontakt erfährt ein Kind, wie groß die Zuneigung und Liebe sind, mit denen der ausgewachsene Körper des Vaters oder der Mutter das kleine Menschenküken unter die Fittiche nimmt. Auf diese Weise gelangen bedrückende Erlebnisse der Vergangenheit oder beunruhigende Fantasien ins Bewusstsein und können leichter verarbeitet und in die Gesamtpersönlichkeit integriert werden.

In jeder emotionalen Beziehung ist Liebe eine der Grundlagen, und man zeigt sie einander durch Umarmungen, Liebkosungen und Küsse. Warum sollte sie also nicht auch in der Beziehung zwischen Therapeut und Patient direkten Ausdruck finden? Geht es hier doch um den Versuch, das Kind eine neue Art von Kontakt spüren zu lassen, um sich auf diese Weise selbst zu erkennen, zu begreifen, was es ist, und seine Persönlichkeit optimal zu entwickeln. Im therapeutischen Setting findet gerade dies in besonderer Weise Zeit und Raum. In diesem Rahmen kann jeder seinen Gedanken freien Lauf lassen.

Häufig betone ich meinen Patienten gegenüber, dass an Gedanken noch niemand gestorben ist.

Trotz allem gelingt es mir auch heute noch nicht, nach so vielen Jahren des Studiums und der beruflichen Praxis, diese langen Erfahrungen in eine genau umrissene Theorie oder »Methode« münden zu lassen. Der analytische Prozess basiert eben auf freier Assoziation, und hier sehe ich auch eine Verwandtschaft zum Studium der *Thora* beziehungsweise den unzähligen Interpretationen, zu denen sie im Laufe der Jahrhunderte angeregt hat. Dies allerdings, wie ich hinzufügen muss, nur in den Grenzen, die ein religiöses Gebot gesetzt hat, nach dem nichts an der Heiligen Schrift verändert werden darf.

Vor einiger Zeit hatte ich mit einem Rabbiner eine Gesprächsrunde zu leiten, in der das biblische Gebot »Du sollst Vater und Mutter ehren« erörtert werden sollte. Zu dieser Gelegenheit las ich noch einmal aufmerksam die betreffenden Stellen. Überrascht nahm ich zur Kenntnis, was hier geschrieben stand. Danach bestraft Gott nur unsere Taten, nicht aber unsere Gedanken, eine Botschaft, die ein tiefes, geradezu modernes Wissen um die seelische Verfassung des Menschen verrät. In den letzten Jahren habe ich mich noch eingehender mit den Weisheiten des Judentums beschäftigt, und ich greife häufig darauf zurück, um meine eigenen Gedanken zu klären. Zuweilen übertrage ich sie auch auf meine Arbeit mit meinen Patienten, um anhand eines Gleichnisses oder einer Metapher komplexe psychologische Zusammenhänge zu erläutern, die auf diesem Wege plötzlich ganz einfach und einleuchtend erscheinen.

Tatsächlich hat sich ja an den Grundbedürfnissen des Menschen, die die biblischen Gebote behandelt und geordnet haben, bis heute nicht viel geändert.

Die Freude, die Kinder ausstrahlen können, und ihre spontane Dankbarkeit sind und bleiben der schönste Teil meiner Arbeit. Sie lassen mir richtig das Herz aufgehen. Vor einigen Monaten verließ die fünfeinhalbjährige Anna glücklich und selbstsicher meine Praxis und trat mit ihrem Vater auf den Aufzug zu. Während sie warteten, fragte ihr Vater: »Gefällt dir Masal?«, und sie: »Ja!« »Und warum gefällt sie dir?« Nach einem kaum merklichen Zögern antwortete Anna: »Weil sie weise und jüdisch ist.« Ich glaube nicht, dass Anna genau weiß, was »weise«, und erst recht nicht, was »jüdisch« bedeutet, aber es war ihr gelungen, einen ganz speziellen untypischen Aspekt meiner Persönlichkeit zu erfassen.

Oder nehmen wir Giovanni: Der Dreieinhalbjährige wird zu einigen Terminen zu mir gebracht. Zu Ende einer Sitzung läuft er seiner Mutter im Flur entgegen und verkündet mit lauter Stimme: »Mama, mir geht's gut!« Er steckt schon in Mantel und Mütze, als er noch mal zu mir zurückläuft und ruft: »Masal, ich liebe dich!« Ich umarme ihn lachend und schicke ihn nach Hause.

Das Wesen meiner Arbeit liegt in solchen Gesten des Vertrauens. Ich trenne nie das Wissen von den Gefühlen, das »Herz« vom »Kopf«, und das versuche ich auch den Kindern zu vermitteln, meinen erwachsenen Patienten und meinen Schülern. Ich beobachte und höre genau zu, um weiter zu lernen, von den Großen und den Kleinen. Bereits im *Talmud* steht geschrieben: »Viel gelernt habe ich von meinen Lehrern, mehr noch von meinen Kameraden, am meisten aber von meinen Schülern.«

Meine besten Schüler sind die Kinder. Ich denke, die kleine Anna hat, indem sie mich als »weise und jüdisch« bezeichnete, unbewusst eine wichtige Seite meiner Persönlichkeit getroffen. Das, was ich selbst erlebt habe, hält mich dazu an, all das, was Kinder oder Erwachsene denken, sich wünschen, sich vorstellen und erträumen, besonders wichtig zu nehmen. Immer aufs Neue bin ich erstaunt und gerührt, wie originell Kinder ihre Gefühle und wie großherzig sie ihre Dankbarkeit auszudrücken verstehen. Sie scheinen in besonderer Weise dazu befähigt, explizite, aber vor allem unterschwellige Botschaften zu erfassen und authentische, unverwechselbare Antworten darauf zu geben.

Die Eltern eines siebenjährigen Mädchens, das bei mir in Behandlung war, erzählten mir, wie sie bei einer Autofahrt hörten, was ihre Tochter dem kleinen Vetter, der von seinen Problemen erzählte, erwiderte: »Mach dir keine Gedanken, geh einfach zu Masal und erzähl ihr alles. Sie wird schon eine Lösung für dich finden.« Ein anderes Kind, das ich behandelte, wollte mich häufig direkt nach dem Aufwachen sehen, um mir von seinen Träumen zu erzählen. Bei vielen Kindern verfestigt sich das Bild einer Masal, die »eine Lösung findet«, was einmal so weit ging, dass mich ein achtjähriger Junge als Computer beschrieb, in den er seine Probleme eingeben konnte, damit ich sie löste. Leider liegen die Dinge meistens nicht so einfach. Schnelle Lösungen sind selten zu erwarten. Dennoch steht fest, dass ich niemals Patienten, Erwachsene oder Kinder, vergesse, mit denen ich einmal gearbeitet habe, und tatsächlich speichere ich wie ein Computer ganz sorgfältig meine »Dateien«.

In trauriger Erinnerung ist mir Gianna geblieben, ein fünfjähriges Mädchen, sehr schmächtig, mit einer Brille mit dicken Gläsern und schlurfendem Gang: Gianna ließ meist die Arme schlaff herunterhängen und antwortete auf jede Frage nur mit einem lang gezogenen »Heeh?«. So als sei sie schwerhörig, was sie in Wirklichkeit keineswegs war. Auf den ersten Blick vermittelte sie das Bild eines zerbrechlichen Wesens, das sich nur mit Mühe durchs Leben schleppte. Gianna packte sich immer sorgfältig ein, das heißt, sie achtete pedantisch darauf, dass ihre Kleider geschlossen oder zugeknöpft waren und kein Fitzelchen Haut zu sehen war. Im Verlauf der Therapie gelang es mir aber, eine auch körperliche Nähe zu ihr herzustellen und auf diese Weise Zugang zu ihr zu finden. Während einer Sitzung nahm ich sie auf den Schoß und neckte sie ein wenig wegen ihrer Kleidung und all der verschlossenen Schleifen und Knöpfe. »Na, wie viele Schichten sind das?«, fragte ich und zählte sie dann gewissenhaft alle ab, vom Pullover bis zur Leibwäsche. Gianna blickte mich erstaunt mit immer größer werdenden Augen durch ihre dicken Brillengläser an, so als habe ich bei meiner Aufzählung etwas Entscheidendes vergessen. Sie wartete noch einige Augenblicke und fragte dann: »Und die Haut?«

Da verstand ich, wie entsetzlich es für sie war, sich auszuziehen, wie real für sie die Gefahr, zu zerfallen, wenn sie sich ihrer Kleider entledigte. Mir kam das Bild der kleinen Masal fünfzig Jahre zuvor in den Sinn, die geflohen war und sich hinter den Büschen des *Gan* versteckt hatte: nackt. Das instinktive Verlangen, mich zu schützen, hatte mich damals von den anderen fortgetrieben, aber schon kurz darauf hatte ich begonnen, die Situation zu überdenken: Auf der einen Seite litt ich entsetzlich unter der Scham, nackt zu sein, auf der anderen Seite sah ich meine Isolierung von den anderen und die Gefahr, von Einsamkeit überwältigt zu werden, ja, an ihr zu sterben. In der kindlichen Fantasie nehmen Bedrohungssituationen häufig den schlimmsten Ausgang. Noch heute kann ich mich sehr gut in die Gefühle von damals zurückversetzen und nachempfinden, welche Mühe es mich kostete, mich in der quälenden Situation zu behaupten und aktiv an dem Leben teilzunehmen, das ich bis dahin von meiner Höhle aus nur beobachtet hatte. Die Panik, die mich ergriffen hatte, war wohl der Giannas vergleichbar.

So nahm ich das Mädchen jetzt erleichtert ganz fest in den Arm. Sie schien ebenso erleichtert wie ich und schlief bald auf meinem Schoß ein, vertraute sich mir also mit ihrem kleinen Körper vollkommen an. Die Kleine war den Forderungen, die man von außen an sie richtete, nicht gewachsen. Im Kindergarten fiel es ihr schwer, sich einzugewöhnen und mit den anderen zu lernen, und an ihrer verlangsamten Entwicklung störten sich Eltern und Erzieher. Gianna wollte klein bleiben, und ihre »Schwerhörigkeit«, ihre dicken Brillengläser und die zugeknöpften Kleider halfen ihr dabei, sich gegen die »Zudringlichkeiten« der äußeren Welt zu schützen. Ihre seelische Not äußerte sich auch in einer heftigen Angst vor dem Tod. Häufig fragte sie mich nach Gott, wollte wissen, ob er tatsächlich »lieb« sei und ob es wirklich Engel gebe. Ich antwortete ihr, dass Gott ganz gewiss lieb sei und dass es auch die Engel wirklich gebe. Ihre Eltern versuchte ich hinsichtlich ihrer Lernschwäche zu beruhigen: »Wenn sie jetzt noch nicht schreibt, wird sie eben in drei Jahren schreiben, wenn sie so weit ist«, sagte ich zu ihnen. Dabei dachte ich an meine Mutter, die nie schreiben gelernt und es doch verstanden hatte, so viele Kinder aufzuziehen und sie mit allem zu versorgen, was sie brauchten.

Nach drei Jahren therapeutischer Arbeit zeigte Gianna beachtliche Fortschritte auf psychophysischer Ebene, und ich hatte es erreicht, dass sie von ihren Eltern und Geschwistern mit ihren Eigenarten akzeptiert wurde. Als sie ungefähr acht Jahre alt war, gelangte ich zu der Ansicht, nicht mehr für sie tun zu können, und teilte den Eltern mit, dass ich die Therapie für abgeschlossen hielte. Es sei besser, sie mit ihrer Langsamkeit leben zu lassen. Auch so könne sie ihren Platz unter den anderen finden. Anderthalb Jahre später erfuhr ich, dass Gianna gestorben war. Dieses kleine Mädchen hatte es nicht geschafft, hatte sich vom Leben selbst entmutigen und überwältigen lassen. Sie erlosch wie eine Kerze, deren Kraft verbraucht ist. Es kommt immer wieder vor, dass man Kindern zu viel abverlangt, ohne sich zu fragen, ob es überhaupt in ihren Möglichkeiten liegt, diesen Anforderungen gerecht zu werden. Ich fuhr zu ihren Eltern, um mehr über die Hintergründe der Tragödie zu erfahren. Ich bat die Mutter um ein Gespräch, und sie erzählte mir, was vorgefallen war.

»In den letzten Monaten«, begann sie mit erstickter Stimme, »war Gianna ständig müde und wollte gar nicht mehr aus dem Haus, weder in die Schule noch zum Spielen oder ins Schwimmbad.« So ließen die Eltern sie immer häufiger zu Hause, und es kam vor, dass sich das Mädchen, wenn die Eltern ins Zimmer kamen, zum Spiel unter einem Möbel oder in einem Schrank versteckt hatte. Eines Nachmittags aber war Gianna wie vom Erdboden verschwunden. Die Eltern suchten sie überall und konnten sich lange keinen Reim darauf machen, bis die Mutter auf die Idee kam, im Schrank nachzusehen. Dort kauerte Gianna leblos in sich zusammengesunken. Still und leise war sie gegangen, ohne irgendjemanden zu stören. »Und nun ist sie bestimmt im Himmel«, seufzte die Mutter, »unter den Engeln, so wie sie es sich als kleines Kind schon gewünscht hat.« Jetzt fielen mir Giannas Fragen wieder ein. Ich war wütend und hätte schreien können vor Schmerz. Warum hatte sie es nicht geschafft? Vielleicht hatte auch ich in bestimmter Hinsicht versagt. Hatte ich sie wirklich voll und ganz in ihrer Eigenart akzeptiert oder ebenfalls von ihr verlangt, sich einer Realität anzupassen, die zu schwierig und frustrierend für sie war? Oder hatte ich damals etwas übersehen, was wichtig war?

Und plötzlich tauchte aus meinem tiefsten Innern Tune wieder auf, klein, verängstigt, zitternd, angesichts eines ungewissen Schicksals. Doch sie hatte sich an das innere Bild ihrer Mama geklammert und es so geschafft zu überleben. Im

Gegensatz zu Gianna. Die hatte ihren himmlischen Frieden gefunden. Wie ein Engel.

Als man den achtjährigen Marco zu mir brachte, war sein Vater seit zwei Jahren tot. Der Junge hatte Schwierigkeiten in der Schule, konnte kaum lesen und schrieb sehr fehlerhaft. Wie so häufig in solchen Fällen, glaubte man, er sei Legastheniker oder nicht ausreichend intelligent, bis jemand der Mutter vorschlug, die Ansicht eines Psychologen einzuholen und meinen Namen erwähnte. Ich verliebte mich auf den ersten Blick in Marco: Er war ein wunderschönes Kind mit einem blonden Lockenschopf und grünen lebhaften Augen.

Keinen Augenblick glaubte ich daran, dass sein Problem eine Lese-Rechtschreib-Schwäche sein könnte. Seine inneren Nöte brachte er dadurch zum Ausdruck, dass er sich fortwährend in gefährliche Spiele stürzte, zum Beispiel sprang er von einer zwei Meter hohen Mauer. Seine Kühnheit trug ihm Schürfwunden und sogar Knochenbrüche ein. Kurz, das Bedürfnis, sich fortwährend im Kampf zu beweisen, brachte ihn häufig in heikle Situationen und war eine echte Gefahr für seine körperliche Unversehrtheit.

Ich begann, ihn zu berühren und mich berühren zu lassen, rangelte mit ihm, packte ihn und hielt ihn fest in meinen Armen. Je besser wir uns kennen lernten, desto klarer wurde mir, dass sein Drang, sich zu beweisen, in der Abwesenheit seines Vaters begründet lag. Da er sich nicht mehr mit einem realen Vater messen konnte, forderte er einen imaginären, gigantischen, superstarken Vater heraus. Eines Tages, als wir wieder einmal spielerisch miteinander rangen, sagte ich zu ihm, er müsse sich mit mir auseinander setzen, so als sei ich sein Vater, denn da dieser tot sei, könne er nicht wissen, wie stark er wirklich war. Mit einem Mal hörte er auf zu kämpfen, rappelte sich hoch und erklärte guter Dinge: »Wenn ich groß bin, erfinde ich eine Maschine, die die Kräfte von Toten messen kann.« Erstaunt über so viel Erfindungsgabe, nahm ich ihn gerührt und glücklich in den Arm.

In der Psyche des Jungen hatte der Prozess der Trauerarbeit noch nicht begonnen, aber er war notwendig, um den Tod des Vaters zu akzeptieren. Und so maß er sich in seiner Fantasie mit einem nur eingebildeten Mann, dessen Kräften keine Grenzen gesetzt waren. Die Stimmen von Verstorbenen, die ein Mensch nicht wirklich »begraben« hat, machen sich immer zu laut in seinem Leben bemerkbar. Und wenn es nicht gelingt, sich voll und ganz der Trauer zu stellen, verfolgen sie ihn weiter bis in alle Ewigkeit.

Tune hatte das Trauma der Trennung und des Verlassenwerdens selbst erlebt und konnte Marco verstehen: Sie hatte auch dafür gesorgt, dass ich mich auf den ersten Blick in diesen zarten Jungen verliebte. Marcos seelische Not musste dringend an die Oberfläche gebracht werden. Und ich war bereit, diesen Weg mit ihm zu gehen.

Marcos Zustand verbesserte sich zusehends, die gefährlichen Spiele hörten auf, in der Schule ging es aufwärts, und irgendwann legten sich auch die Probleme der vermeintlichen Legasthenie.

Heute ist er ein in sich gefestigter, selbstbewusster junger Mann, der kurz vor dem Abschluss seines Architekturstudiums steht und bei allen Menschen, mit denen er zu tun hat, sehr beliebt ist. Als ich einmal öffentlich ein neues Buch vorstellte, saß er im Publikum und meldete sich im Anschluss an die Lesung mit folgender Frage: »Welche Folgen kann es haben, wenn Eltern ihren Kindern zu viel Verantwortung aufbürden, so dass diese in die Situation geraten, selbst Eltern spielen zu müssen?« Beide wussten wir, worauf sich seine Frage bezog. Marcos Genesung hatte dazu geführt, dass er bald reifer und verantwortungsbewusster war als andere Jungen seines Alters, wodurch er in seiner Familie mehr und mehr in eine Elternrolle gedrängt wurde. In Anbetracht der Tatsache, dass wir uns vor Publikum unterhielten, formulierte ich die Antwort folgendermaßen: »Manchen Kindern bleibt keine andere Wahl, als sich ganz früh schon erwachsen zu zeigen und schwere Lasten zu tragen.« Marco hat diese Erfahrung mittlerweile verarbeitet und in seine Persönlichkeit integriert, ähnlich wie Masal mit Tune, ohne deshalb gegenüber seiner Familie Groll zu hegen. Er hat es geschafft.

Ich erfuhr, dass die sechsjährige Maria ständig an Asthmaanfällen litt. Alle Behandlungen waren fehlgeschlagen, und das Kind war nunmehr schon seit Monaten gezwungen, stets ein Spray bei sich zu tragen. Angesichts dieser Situation beschloss ihre Mutter, auch auf den Rat des Arztes hin, es mit einer Psychotherapie zu versuchen, und brachte sie zu mir. Ich erinnere mich noch gut an die erste Begegnung mit diesem mageren, zappeligen Mädchen mit den glatten, von einer Spange zusammengehaltenen Haaren und den dunklen Augen, die mich scharf und voller Misstrauen anstarrten. Mein erster Gedanke war, dass die Kleine ihre Mutter, vielleicht um sie zu erpressen, mit ihrer »Abwesenheit«, dem vorübergehenden Tod durch einen Anfall also, herausforderte. Bekanntermaßen sind Asthmaanfälle mit entsetzlicher Atemnot verbunden, die, wenn nicht augenblicklich eingegriffen wird, auch zum Tode führen kann. Eine der häufigsten psychosomatischen Ursachen für Asthma ist eine Trennung von der Mutter und die Angst, verlassen zu werden.

Anfangs hatte ich einige Schwierigkeiten, eine Beziehung zu Maria aufzubauen, doch Tune, mittlerweile daran gewöhnt, mich bei meiner Arbeit zu unterstützen, machte sich auch jetzt wieder bemerkbar: »Wer könnte sie besser verstehen als du? Vom Verlassenwerden kannst du doch ein Lied singen ...« Also sagte ich ganz offen, ohne langes Hin und Her: »In der nächsten Zeit wirst du öfter zu mir zum Spielen kommen. Da will ich versuchen, deine Probleme zu verstehen, damit ich dir helfen kann und es dir bald besser geht.« »Ich habe keine Probleme«, bekam ich zur Antwort. Wieder eine Herausforderung. Eine Zeit lang gab sich Maria gleichgültig und war mit ihren Gedanken oft woanders, doch nach einigen Monaten entspannte sich das Klima zwischen uns, und eines Tages, während eines Spiels, bei dem es darum ging, Schmuck vom Meeresboden zu fischen und ihn mir damit wegzunehmen (symbolisch stand der Schmuck hier für die Fähigkeit der Mutter, Leben zu schenken), blickte sie mich plötzlich aus strahlenden Augen an: »Jetzt weiß ich, was ich bei dir mache! Ich komme zu dir, gebe dir meine schlechten Sachen, und danach geht's mir gut.« Darauf ich: »Du bist ein schlaues Mädchen, aber das ist nur die halbe Wahrheit. Wäre es wirklich so, würde es dir vielleicht gut gehen, mir aber ginge es schlecht. Es stimmt schon, dass du mir deine schlechten Sachen gibst, aber ich wandle sie um und gebe sie dir dann zurück, damit du sie eines Tages für dich nutzen kannst.«

Nach diesem Gespräch gingen die Fortschritte rascher vonstatten, das Asthma verschwand, und bald hatte es Maria nicht mehr nötig, meinen Schmuck zu stehlen, weil sie über ihren eigenen, umgewandelten verfügte. Wenn möglich, versuche ich, jedem Patienten seine »Anteile« zurückzugeben, damit er sie aufnehmen und sich als Ganzes fühlen kann, eine wichtige Voraussetzung, um das Leben zu bewältigen.

Bei »Luft und Atmen« muss ich daran denken, was einmal ein befreundeter Rabbi zu mir gesagt hat: »Die unverzichtbarsten Dinge des Lebens gibt es umsonst, als Gaben Gottes, die niemals zur Neige gehen: Luft und Wasser.« Leider können Menschen, die an Asthma leiden, dieses lebenswichtige Gut nicht unbeschwert genießen.

Wenn ich mein eigenes Leben oder die noch dramatischeren Lebensgeschichten vieler anderer Leute betrachte, bin ich immer wieder fasziniert, verblüfft, verwundert über die dem Menschen innewohnende Fähigkeit, Wege zu finden, um zu überleben und mit dem Schicksal fertig zu werden. Das natürliche Vertrauen eines Kindes in seine Eltern bildet, wenn es nicht enttäuscht wird, die Grundlage zur Entwicklung und Festigung positiver Leitbilder, die dem Kind und späteren Erwachsenen innerlich Halt geben, auch wenn die Eltern gar nicht mehr zugegen sind. Gute elterliche Leitfiguren sind hilfreich, um die Kluft zwischen »guter Mutter« und »böser Mutter«, allgemeiner zwischen »gut« und »böse«, zu verkleinern und diese beiden Instanzen in unser tägliches Handeln zu integrieren. Meinen kleinen Patienten, die so weit sind, die Therapie beenden zu können, gebe ich scherzhaft mit auf den Weg, sie sollten mich mitnehmen, und ich schlage ihnen vor, mich einzuschrumpfen und in die Tasche zu stecken oder auch hinunterzuschlucken: »Jetzt seid ihr stark und kommt alleine zurecht. Ihr habt euch bei mir aufgeladen mit einer Kraft, die euch auf eurem Lebensweg begleiten wird.«

In Augenblicken größter Freude habe ich Lust, in die Welt hinauszuschreien, dass ich es geschafft habe, trotz aller Verfolgungen, trotz aller Ängste und Trennungen. Und wer Hilfe braucht, kann bei mir aus dieser Energie schöpfen.

Erwachsene, die eine Therapie beginnen, tragen ein Kind in sich, das nicht geliebt oder nicht verstanden wurde, als es das brauchte, so dass es, ohne Wärme, Verständnis und Schutz, sein Potenzial nicht voll und ganz entfalten konnte. So bleibt man als Erwachsener weiterhin Opfer irrationaler Ängste und affektiver Abhängigkeiten, die die Quelle sind für seelische Not, für Geringschätzung, ja, Verachtung sich selbst und den eigenen Schwächen gegenüber. Diese frühen Abhängigkeiten und kindlichen Hemmungen verwandeln sich später in Furcht vor Autoritäten, vor dem Lehrer, dem Chef oder auch einem beliebigen Unbekannten, der aus irgendeinem Grund überlegen erscheint. Die alten Unsicherheiten sind es, die die psychischen Probleme wach halten und die Kreativität und volle Selbstverwirklichung blockieren. Die häufig anzutreffende Angst vor einer Abhängigkeit vom Analytiker und vor seinem Urteil erfordert es, dass in der Behandlung solche Befürchtungen sofort ausgeräumt werden.

Um neuen Patienten die Situation zu erleichtern, habe ich es mir angewöhnt, scherzhaft klarzustellen, dass wir uns nicht vor Gericht befinden und dass ich keine Lust habe und es mir auch nicht zusteht, irgendjemanden zu beurteilen oder gar zu verurteilen. Hinsichtlich der Furcht vor einer Abhängigkeit schlage ich folgende Abmachung vor: Sollte sich nach einem Jahr Therapie bei dem Patienten noch keine Besserung zeigen, wird die Behandlung abgebrochen, und ein jeder geht ohne Groll seiner Wege. Doch ich vergesse nicht zu erwähnen, dass wir beide in der Situation abhängig sind, der Patient, der bei mir Hilfe sucht, ich selbst aber auch. Weder könnte ich ohne Patienten meinen Lebensunterhalt verdienen noch meine Fähigkeiten zeigen, das heißt mein eigenes Potenzial entfalten. Von daher ist der Patient in der Tat von grundlegender Bedeutung für mich.

Ich liebe die Kinder, die zu mir kommen, aber auch das leidende Kind, das in jedem meiner erwachsenen Patienten steckt. Um eine »Wiedergeburt«, eine Veränderung zu fördern, setze ich bei diesem inneren, vergessenen Kind an, dessen Wunden und Kränkungen geheilt werden müssen. Dazu versetze ich mich mit allen Sinnen in die jeweilige Geschichte und mache jeden Patienten zu jenem »besonderen« Kind, das er immer sein wollte, bis zu dem Tag, da er so frei sein wird, sein Leben nach eigenem Willen, sei es gedanklich oder bereits faktisch, neu zu gestalten. Häufig verlangte der Prozess der Wiedergeburt viele Jahre therapeutischer Arbeit, denn das innere Kind ist zunächst ein Gegner, dickköpfig und verängstigt. Um erwachsen zu werden, musste er den eigenen Vater und die eigene Mutter überwinden, deren Urteil er sich in der Kindheit als Abwehrmechanismus »einverleibt« hat.

Eine Zeit lang sind die Patienten »meine Kinder«, ein jedes mit seinen emotionalen Eigenheiten und seiner persönlichen Vergangenheit. Zuweilen ist diese Vergangenheit derart belastend, dass der Patient entweder in besonderer Weise darauf fixiert ist oder sich, um dem zu entkommen, in eine rosige Zukunft träumt und die gar zu dornige Gegenwart ausblendet.

Die *Thora*-Rolle im *Aron Ha-Kodesch* ist eine schöne Metapher für die richtige Beziehung zum Leben und zum Lauf der Zeit. Diese Heilige Schrift steht auf einem einzigen endlos langen Pergament, dessen Enden an zwei Stäben, den so genannten »Lebensbäumen« (*Azey chaijm*), befestigt sind. Auf dem rechten (das Hebräische wird von rechts nach links gelesen, daher wird die Rolle von links geöffnet) wird das bereits Gelesene, Symbol der Vergangenheit, aufgerollt, während auf der linken Seite all das wartet, was noch gelesen oder, im übertragenen Sinne als Symbol der Zukunft, noch gelebt werden soll. Zwischen den beiden »Lebensbäumen« aber befinden sich die *Paraschat haschawua,* die Bibelworte der Woche. Diese Zeilen sind es, die für die Gegenwart stehen. Auf sie soll der Mensch mit all seinen Sinnen seine Aufmerksamkeit richten, auf sie seine Kraft und tiefste Leidenschaft konzentrieren. Die Gegenwart steht an herausragender Position in der Mitte, aber es ist für alle sichtbar, dass sie aus der Vergangenheit hervorgeht und in die Zukunft einmündet.

Bei »Zukunft« fällt mir ein, dass ich noch erwähnen sollte, dass nicht nur meine Patienten fürchten, es könnte sich in der Therapie ein zu starkes Abhängigkeitsverhältnis entwickeln. Ich selbst fürchte es auch. Zuweilen habe ich wirklich Bedenken, ob meine Beziehungen, die beruflichen, aber auch die privaten, nicht zu eng sind. Und ich frage mich: Wird es meinen Kindern und Patienten wirklich gelingen, sich von mir zu lösen?

Hin und wieder erinnere ich die Menschen, die mir nahe stehen, in sorglosem, fast scherzendem Ton daran, dass ich sterblich bin. Ich vergesse das keinen Augenblick, und ebendeshalb will ich anderen noch so viel wie möglich von meinem Wissen, meiner Zuneigung, meiner Liebe schenken. Der Rabbiner, mit dem ich gelegentlich in den Heiligen Schriften lese, betont, dass jeder von uns seinen eigenen Weg zu gehen und seine Talente zu erkennen und zu fördern hat. Erst indem er sie entfaltet, kann er zu Ruhe und Zufriedenheit gelangen. Ich hoffe, dass ich auf dem richtigen Weg bin. Die Kinder haben ihn mir gezeigt. Denn ich lerne von ihnen. Und außerdem ist da ja noch Tune, die sich in den passenden Momenten bemerkbar macht, um mich auf das hinzuweisen, was ich mit meinen Erwachsenenaugen und meinem Erwachsenenverstand nicht erkennen kann. Selbst von Säuglingen habe ich gelernt, und die Bücher haben das Ihre dazu beigetragen, meine Kenntnisse zu vertiefen. »Ein Kind lernt die *Thora* schon im Mutterleib kennen«, behauptet mein Rabbi, »doch nach der Geburt muss es sich weiter damit beschäftigen, weil sonst das Wissen verloren geht.« Ständiges Lernen und die Suche nach dem Sinn des Lebens fördern und nähren all das, was in uns von Beginn an angelegt ist. Wer die Ereignisse des Lebens als selbstverständlich hinnimmt, muss sich langweilen, denn ihm fehlen das Staunen und die Bewunderung für eine Schöpfung, die sich Tag für Tag in jedem Lebewesen erneuert.

XIII
Ein kleines Vermächtnis

Vor nicht allzu langer Zeit ließ ich es noch dabei bewenden, meinen Freunden, Mitarbeitern und auch meinen Kindern nur in Teilen von meiner Lebensgeschichte zu erzählen. Gerade durch meine Kinder und ihre für Kinder typischen Reaktionen wurde mir jedes Mal klar, wie nahe mir die Ereignisse, die ich zu schildern versuchte, immer noch gingen. Die stärksten Gefühle, die beim Erzählen aufkamen, waren Schmerz, Leid und Wehmut. Auch nach vielen Jahren fehlte mir noch die notwendige Distanz für einen umfassenden Bericht, der nicht in erster Linie von meinen Ängsten handelte, sondern vielmehr von den lebenswichtigen Anregungen, die in meinen Erfahrungen steckten, und der, warum nicht, auch ein wenig Heiterkeit vermittelte.

Meiner Tochter Yael hatte ich, schon als sie noch ganz klein war, von Israel erzählt, zu einer Zeit, als ich mich in Italien noch als Fremde fühlte und fast verging vor Heimweh nach meinem Land. Aber häufig gerieten meine Erzählungen so düster, dass sie schon nach kurzer Zeit protestierte: »Aber Mama, das ist ja eine traurige Geschichte!« Mein Sohn David wurde einmal noch deutlicher und fragte mich: »Mama, fühlst du dich hier nicht wohl?« Ich beruhigte ihn schnell und versicherte ihm, ich sei überall glücklich, wo meine Kinder lebten, doch ich begriff auch, dass ich, um meine Vergangenheit akzeptabel zu machen, lernen musste, die positiven Aspekte stärker herauszustellen und auf den richtigen Moment zu warten, um sie zu erzählen. Lange Zeit hatte ich darunter gelitten, kein Gehör zu finden, doch nun begann ich mir zu überlegen, dass das Problem durchaus auch bei mir lag, in der Stimme, die da erzählte.

Vor einigen Jahren erreichte mich das Signal, auf das ich gewartet hatte. Ich hielt mich mit meinem damals dreizehnjährigen Sohn David in den Bergen auf, und wir beschlossen, zusammen mit einigen Freunden eine längere Wanderung zu unternehmen. Auf halbem Weg jedoch bekam ich, vielleicht wegen der ungewohnten Höhe, plötzlich Schwindelanfälle, und alle rieten mir, nicht weiter mitzugehen. Mein Sohn blieb mit mir zurück, um mir Gesellschaft zu leisten, und so hatten wir nun ein paar unverplante Stunden ganz für uns. Es war eine herrliche Landschaft, wir machten es uns auf den Felsen bequem und begannen, uns zu unterhalten. Ich weiß nicht mehr genau, wie David darauf kam, aber angeregt durch einige Fragen seinerseits, ließ ich meine ganze Kinderwelt wiederauferstehen, meine Mutter, die Flucht, die Tragödie unserer Trennung, das Leben im Kibbuz, die Weizenfelder von Alonim, die Freiheit, die ich in meiner Jugendzeit in mir wachsen spürte. David war ganz fasziniert und lauschte mit großen Augen meinen Worten, bis er sich irgendwann nicht mehr zurückhalten konnte und leise murmelte: »Aber Mama, davon hast du ja nie etwas erzählt ...« Er war mir jetzt so nahe wie nie zuvor. Keine Umarmung hätte inniger sein können als diese Worte. Später kamen wir beide nicht mehr auf das Thema zurück, doch damals fasste ich den Entschluss, es endlich in Angriff zu nehmen, meine Geschichte zu erzählen.

Im Laufe der Zeit haben sich Schmerz und Trauer abgeschwächt und überlagern nicht mehr, so hoffe ich zumindest, alles andere, was auch meine Geschichte ausmacht: Liebe, Hoffnung, Mühsal, Erfolg und Freude. Mir gefällt die Vorstellung, eine Erinnerung an das Leben zu hinterlassen, wie es sich auf den Straßen von *Haret il Yeud* abspielte, an die untergegangene Welt der alten jüdischen Gemeinde in Damaskus, die während zweitausend Jahren Exil fast unverändert bestanden hatte.

Mit diesem Buch möchte ich meinen Kindern und Enkelkindern einen wichtigen Teil von mir hinterlassen, sozusagen meine Wurzeln. Meine Erzählung wiederum ist an den Nachlass meiner Mutter geknüpft. Sie war es, die mir den Sinn für die essenziellen Dinge des Lebens schenkte und es mir damit ermöglichte, alle Schwierigkeiten zu meistern und meine Fähigkeiten zur Entfaltung zu bringen. Von meinem Großvater Mussa hingegen werde ich wohl die Lust am Erzählen geerbt haben. Sie wurzelt in der mündlich überlieferten Tradition des Judentums, die sich immer schon – gleichermaßen stark und respektiert – neben der schriftlichen behauptete.

Zum ehrenden Angedenken an meine Mutter und an ihren Glauben sowie an alle Angehörigen, die schon von uns gegangen sind, möchte ich symbolisch eine Kerze entzünden, die die Welt erhellt. Ein Brauch, den ich als kleines Mädchen bei meiner Mutter sah, die bei den verschiedensten Anlässen, unter anderem auch bei Todestagen, Kerzen aufstellte. Es handelt sich um eine einfache Geste von großer Symbolkraft: In der jüdischen Kultur steht die Kerze für den Leib des Menschen, der niederbrennende Docht ist das Leben, und das Licht, das sich darum herum verbreitet, ist die Seele, die sich in die Welt hinein ausweitet. In Erwartung der Auferstehung von den Toten und der Ankunft des Messias.

Dank …

… an Eva Antoniotti für ihre Mitarbeit bei der Abfassung der Erzählung und an Laura Lepri, die mir mit großem Einfühlungsvermögen dabei half, dem Italienischen den letzten Schliff zu geben.

Glossar

Alija: wörtlich »Aufstieg«. Bezeichnet die Rückkehr der Juden ins Land der Väter, also die Einwanderung nach Erez Israel.

Aron Ha-Kodesch: der »Heilige Schrein«. In Synagogen und Bethäusern an der nach Jerusalem gerichteten Wand angebrachter Schrein, in dem die *Thora*-Rolle aufbewahrt wird.

Bar-Mizwa: das hebräische Wort bedeutet »Sohn der Pflicht« und bezeichnet den Knaben, der im Alter von dreizehn Jahren nun reif genug ist, persönlich die Verantwortung für die Einhaltung und Beachtung aller religiösen Pflichten (*mizwa*) zu übernehmen. Diese nun erlangte religiöse Volljährigkeit findet ihren symbolischen Ausdruck darin, dass der Knabe dazu aufgerufen wird, öffentlich in der Synagoge einen Abschnitt aus der *Thora* vorzulesen. Für Mädchen ist der Zeitpunkt schon mit zwölf Jahren gekommen, wenn diese dann Bat-Mizwa werden.

Bet Ha-Mikdasch: bedeutet »Tempel« im Allgemeinen, bezeichnet im Besonderen aber den Tempel Salomons in Jerusalem, der im Jahr 70 n. Chr. von den Legionen des römischen Kaisers Titus zerstört wurde.

Chanukka: »Fest der Tempelweihe«, an dem an die neuerliche Weihe des Tempels im Jahr 165 v. Chr. nach seiner Entweihung durch die Seleuciden erinnert wird. An diesem jährlich begangenen Feiertag wird ein achtarmiger Leuchter entzündet, *Chanukka* genannt, im Gedenken an ein Wunder, das sich damals ereignete. Und zwar reichte ein kleiner Krug eines von den Heiden nicht entweihten Öls, um acht Tage auf dem goldenen Leuchter im Heiligtum zu brennen. In dieser Zeit konnte dann neues Öl geweiht werden. Das so genannte »Lichtwunder«.

Chawer (pl. **Chawerim**): wörtlich »Freund«, »Genosse«. Bezeichnung für die Mitglieder eines Kibbuz, die untereinander auch als Anrede gebraucht wird.

Chuppa: »Baldachin«, bezeichnet das Trauungszelt, unter dem während der Eheschließung das Brautpaar mit den Unterführern und den Funktionären steht.

Jom Kippur: hebräisch »Versöhnungstag«. Dieser Feiertag ist der letzte der zehn Bußtage und fällt auf den 10. des Monats *Tischri*. Zu diesem Anlass bitten alle Juden den Herrn um Vergebung für alle persönlichen oder gemeinschaftlichen Sünden und begehen den Tag mit Gebeten und strengem Fasten. Alle Arbeit kommt zum Erliegen.

Kaschrut: von *kascher*, »rein«, ursprünglich die Bezeichnung für Nahrungsmittel, besonders Fleisch, die als zum Genuss erlaubt gelten können. Dann soviel wie »Koscherwesen«, worunter alle Einrichtungen der Gemeinde verstanden werden, die für die Versorgung der Gemeindemitglieder mit rituell erlaubten Nahrungsmitteln bürgen.

Kibbuz (pl. **Kibbuzim**): genossenschaftliches Dorf mit ganz genauen Regeln des Zusammenlebens, das durch eine Versammlung der Mitglieder (vgl. *Chawer*) verwaltet wird. Die Mitgliedschaft besteht auf freiwilliger Basis mit gemeinsamem Eigentum, gemeinsamer Produktion und Arbeit sowie gemeinsamen Einrichtungen des Konsums und der Lebensführung ohne Privatbesitz und ohne privatwirtschaftliche Tätigkeit. Jedes Mitglied bringt seine ganz individuellen Fähigkeiten in die Gemeinschaft ein, um auf diese Weise seinen Teil zur gemeinschaftlichen Produktion, in der Hauptsache landwirtschaftliche Erzeugnisse, und den gemeinsamen Dienstleistungen beizutragen (Schule, Küche, Wäscherei etc.).
Nach dem 1. Weltkrieg, genauer im Jahr 1921, entstand dann noch eine etwas freiere Kibbuzform, der *Moschav*, wörtlich »Siedlung«, in dem Privatbesitz zugelassen und die Verwaltung einer Kooperative ähnlich ausgerichtet ist. Der erste Kibbuz wurde 1909 in Deganya am See Genezareth gegründet.

Kiddusch: hebräisch »Heiligung«. Bezeichnet den Segensspruch, den das Familienoberhaupt am Vorabend des Sabbats, am Freitagabend also, bei einem Becher Wein spricht, um den Feiertag zu heiligen.

Kippa: kleine Kopfbedeckung für Männer, die während der religiösen Zeremonien getragen wird. Strenggläubige Juden tragen sie ständig.

Mesusa (pl. **Mesusot**): hebräisch »Türpfosten«. Bezeichnung für die Kapsel mit der Pergamentrolle, auf der zwei Passagen aus der *Thora* geschrieben stehen. Die *Mesusa* wird am rechten Türpfosten des Eingangs von jüdischen Häusern und Wohnungen befestigt.

Metapelet (pl. **Metaplot**): Kinderbetreuerin in einer Gemeinschaft, kümmert sich vor allem um die materiellen Bedürfnisse der Kinder wie Essen, Kleidung, Sauberkeit.

Mizwa (pl. **Mizwot**): hebräisch »Gebot«. Bezeichnet auch eine verdienstvolle Handlung. Ursprünglich war es eine Bezeichnung für die Gesamtheit der religiösen Ge- und Verbote des Judentums, in nachbiblischer Zeit für eine einzelne Pflicht. Außer den zehn Geboten umfasst der Begriff *Mizwa* weitere 613 *Mizwot*, die von der talmudischen Tradition in der *Thora* benannt werden. Davon entsprechen 365 der Anzahl der Tage im Jahr und 248 der Anzahl der Glieder des menschlichen Körpers. Ein gläubiger Jude hat alle *Mizwot* jeden Tag und aus ganzem Herzen zu befolgen.

Peot: hebräisch »Schläfenlocken«. Jener Teil des Kopfhaares, den gläubige Juden gemäß *Levitikus* 12,27 niemals schneiden dürfen.

Pessach: hebräisch »Überschreitung«. Jüdische Festtage, die an das Ende der Gefangenschaft in Ägypten und die Wiedererlangung der Freiheit für das jüdische Volk erinnern, das durch das Rote Meer, das sich vor ihm teilte und über den Verfolgern zusammenschlug, nach Erez Israel zurückkehrte. An den acht Pessachtagen darf sich kein gesäuertes Brot mehr im Haus befinden. Deshalb wird am Abend zuvor das Gesäuerte in einem speziellen Ritus verbrannt.

Sabbat: von hebräisch *Schabbat*, »ruhen«. Dieser siebente Tag der Woche ist dem Gebet und der Ruhe vorbehalten, im Gedenken an die Worte aus *Genesis* 2,3: »Und Gott segnete den siebten Tag und erklärte ihn für heilig, denn an ihm ruhte Gott, nachdem er das ganze Werk der Schöpfung vollendet hatte.« Nach jüdischem Brauch währt der Sabbat vom Sonnenuntergang des Freitags bis zum Sonnenuntergang des folgenden Tages. Der Sabbat ist ausschließlich ein Tag des Ausruhens und der Familie, und man unterlässt jedwede Tätigkeit, mit der der Stand der Dinge verändert wird. Während des Sabbats wird nicht geschrieben, kein Feuer entfacht und natürlich nicht gearbeitet. Es werden keine Verkehrsmittel benutzt, oder zumindest werden keine Reisen außerhalb Israels unternommen.

Schma Israel: hebräisch »Höre Israel«. Beginn der Schriftverse »Höre Israel, unser Gott, unser einziger Gott«, des Hauptgebets des Judentums, das aus drei Abschnitten der *Thora* besteht, an die sich verschiedene Segnungen anschließen. Zuweilen wird es tagsüber sowie morgens und abends zu genau festgelegten Zeitpunkten gesprochen.

Schofar: ausgehöhltes gebogenes Horn eines Widders, dessen Spitze zu einem einfachen Mundstück geformt ist. Ursprünglich, in biblischer Zeit, war es ein Signalinstrument im Krieg oder bei Gefahr, wurde aber auch im Tempeldienst benutzt. Der *Schofar* wird heute an ganz bestimmten Feiertagen geblasen und hat einen tiefen, monotonen, sehr durchdringenden Ton.

Seder: von hebräisch »Ordnung«. Darunter versteht man das rituelle Abendessen am ersten *Pessach*-Abend, an dem die *Haggada*, die von den Erlebnissen der Israeliten in Ägypten handelt, vorgelesen wird und Speisen mit einer genauen symbolischen Bedeutung verzehrt werden: so Bitterkräuter, um an die Bitterkeit der Gefangenschaft in Ägypten zu erinnern, und ungesäuertes Brot (*Matzen*) im Gedenken an die Eile, mit der die Juden Ägypten verließen. In der Diaspora wird der *Seder* an den ersten beiden *Pessach*-Abenden abgehalten.

Tallit: hebräisch »Gebetsmantel«, viereckiges Tuch aus Wolle, Baumwolle oder Seide, meist weiß mit blauen oder schwarzen Streifen, an dessen vier Enden die »Schaufäden«, *Zizit* genannt, angebracht sind.

Talmud: hebräisch »Lernen«, »Lehre«, »Studium«. Der Talmud ist das nachbiblische Hauptwerk des Judentums und besteht aus der *Mischna*, einer nach verschiedenen Gebieten geordneten Rechtssammlung, und der auf ihr aufbauenden Sammlung von Ausführungen, Diskussionen und Kommentaren, der *Gemera*.

Tefillin: hebräisch »Gebetsriemen«. Es handelt sich um zwei schwarze Lederkapseln mit langen schwarzen Lederriemen, mit denen die Kapseln, die vier auf Pergament geschriebene Schriftverse der *Thora* enthalten, von männlichen Juden nach ihrem *Bar-Mizwa* am linken Arm und an der Stirn festgebunden werden.

Thora: hebräisch »Lehre«, »Unterweisung«. Bezeichnet werden damit die fünf Bücher Mose, der so genannte *Pentaeuch*, die als Heilige Schrift des Judentums gelten. Im weiteren Sinne wird der Begriff auch für eine Gesetzessammlung gebraucht.

Tischa Be-Aw: An diesem Tag, dem neunten des Monats *Aw*, gedenkt man der Zerstörung des ersten sowie des zweiten

Tempels in Jerusalem, 586 v. Z. durch die Babylonier beziehungsweise 70 n. Z. durch die Römer, die nach der Tradition beide auf diesen Tag gefallen sein sollen. Es ist ein Tag der Einkehr und der Trauer, an dem gefastet wird und die Klagelieder des Jeremias angestimmt werden.